本书受到山东省教育科学规划"十三五"规划2019年度
课题"大数据驱动下网络学习社区知识聚合及精准学习服
（项目编号：ZZ2019014）资助

社会化问答社区知识聚合及
创新服务研究

Research on Knowledge aggregation and
Knowledge Service of Social Question & Answer Community

郭顺利◎著

经济管理出版社
ECONOMY & MANAGEMENT PUBLISHING HOUSE

图书在版编目（CIP）数据

社会化问答社区知识聚合及创新服务研究 / 郭顺利著 . —北京：经济管理出版社，2021.2
ISBN 978-7-5096-7789-6

Ⅰ.①社… Ⅱ.①郭… Ⅲ.①社区服务—研究 Ⅳ.① C912.6

中国版本图书馆 CIP 数据核字（2021）第 040902 号

组稿编辑：郭丽娟
责任编辑：赵天宇
责任印制：赵亚荣
责任校对：陈 颖

出版发行：经济管理出版社
　　　　　（北京市海淀区北蜂窝 8 号中雅大厦 A 座 11 层　 100038 ）
网　　　址：www.E-mp.com.cn
电　　　话：（010）51915602
印　　　刷：唐山玺诚印务有限公司
经　　　销：新华书店
开　　　本：710mm×1000mm/16
印　　　张：11.5
字　　　数：213 千字
版　　　次：2021 年 5 月第 1 版　　 2021 年 5 月第 1 次印刷
书　　　号：ISBN 978-7-5096-7789-6
定　　　价：78.00 元

前　言

随着大数据和移动互联网时代的到来，传统基于关键词检索的搜索引擎搜寻和获取知识的方式已不能很好地满足人们的需求。互联网快速发展带来的信息膨胀化、碎片化、冗余化等问题加速了用户对于垂直化、精准化信息的追求，用户逐渐倾向于付出较少的时间和精力成本获取更加专业、权威的信息与知识，迫切地需要一种新型的搜寻和获取知识方式。正是在这种大环境背景下社会化问答社区应运而生。社会化问答社区将社交和问答有机地结合起来，引入社交网络来生产、传播和共享知识，满足用户精准化、垂直化以及个性化知识需求，帮助用户高效获取和利用知识，促进知识的流动和交互，从而迅速发展成为网络用户获取知识的重要渠道。然而，随着社会化问答社区知识资源呈现急剧式增长，出现了"知识过载、网络迷航"等现象。用户在搜寻、筛选和利用知识等方面付出了大量的时间和精力成本，使现有的社会化问答社区知识服务内容和方式难以有效满足用户知识需求。同时也出现了答案质量参差不齐、大量有用知识无人问津、答案难以被发现和使用等问题。因此，如何实现用户生成答案有效的管理组织和挖掘、优化和创新知识服务模式、为用户提供更好的知识服务成为社会化问答社区发展面临的重要问题。

本书将知识聚合理论和方法引入社会化问答社区知识服务，围绕社会化问答社区答案知识聚合及创新服务相关内容，遵循从研究背景与基础到理论分析、应用研究再到管理对策的撰写思路和设计，将全书分为四部分，共九个章节。

第一部分，介绍了选题背景意义、分析和评述了当前国内外研究现状。针对本书的核心概念及相关概念进行阐述和分析，奠定研究的理论基础。包括第一章和第二章。

第二部分，分析社会化问答社区用户知识需求形成原因、层次，以及动态演化过程和规律。从面向用户知识需求视角出发，阐述社会化问答社区答案知识聚合服务机理，构建了基于知识聚合的社会化问答社区知识服务体系框架。另外，探讨了知识聚合及服务关键步骤答案质量评价问题，构建了答案质量自动化评价指标体系，设计了基于GA-BP神经网络的答案质量评价方法。包括第三、四、五章。

第三部分，分别从知识单元、句子两个关联维度设计答案知识聚合方法及相应的知识服务模式。提出了基于标签聚类和答案摘要生成的社会化问答社区知识聚合方法，并构建相应的知识创新服务模式，选取知乎等问答社区数据开展实证研究。对应第六章和第七章。

第四部分，管理对策和研究展望部分，分别从知识服务主体、用户、知识服务技术和知识服务环境等知识服务要素出发提出了相应的对策建议。最后，总结全书的主要结论，分析本研究存在的局限以及未来的研究趋势。对应第八章和第九章。

本书从理论层面，将知识聚合理论和理念引入社会化问答社区知识服务领域，为社会化问答社区知识服务的服务理念、服务模式、方法、价值目标等基础理论赋予了新的内涵特征，丰富了社会化问答社区知识管理与服务的理论体系，扩展了知识聚合理论的应用领域和范围。同时，也为答案知识聚合组织提供了更多的方法和技术支持，丰富了知识聚合的方法理论体系和社会化问答社区的知识挖掘和组织方法理论体系。在实践层面，为社会化问答社区优化和创新知识服务模式，基于知识聚合开展知识服务提供参考依据，为用户生成答案知识整合组织和管理提供了技术和方法支持，能够有效地应用于指导用户生成答案知识整合组织和管理工作，提高社会化问答社区知识服务的能力和质量，具有较强地解决社会化问答社区知识服务实际问题的应用价值。

本书在编写过程中，参考了大量文献，在此予以感谢。特别感谢我的导师张向先教授在撰写过程中悉心指导和提出的宝贵意见。同时，也感谢师门的陶兴、程子轩等师弟师妹在数据采集和技术方法方面的帮助。笔者虽然尽力而为呈现研究成果，但是由于水平有限，编写时间仓促，所以书中错误和不足之处在所难免，恳请广大读者批评指正。

郭顺利

2020 年 10 月于曲园

目　录

第一章　绪论……………………………………………………………… 1
　第一节　选题背景………………………………………………………… 1
　第二节　研究意义………………………………………………………… 3
　第三节　国内外研究现状………………………………………………… 5
　第四节　拟解决的关键问题与主要研究内容…………………………… 23
　第五节　研究方法与技术路线…………………………………………… 25
　第六节　本书主要创新点………………………………………………… 26

第二章　相关概念及理论基础…………………………………………… 28
　第一节　社会化问答社区概述…………………………………………… 28
　第二节　知识聚合的理论及方法………………………………………… 32
　第三节　知识服务理论…………………………………………………… 35
　第四节　知识质量相关理论……………………………………………… 43

第三章　社会化问答社区用户知识需求分析及建模…………………… 48
　第一节　社会化问答社区用户类型及需求分析意义…………………… 48
　第二节　社会化问答社区用户知识需求层次及特征…………………… 50
　第三节　社会化问答社区用户知识需求的动态演化…………………… 55
　第四节　社会化问答社区用户知识需求模型构建……………………… 61

第四章　用户需求驱动下社会化问答社区知识聚合服务机理………… 66
　第一节　社会化问答社区知识聚合服务概念及组成要素分析………… 66
　第二节　社会化问答社区知识聚合服务的影响因素…………………… 68
　第三节　社会化问答社区知识聚合服务目标及动因…………………… 73
　第四节　社会化问答社区知识聚合服务过程机理……………………… 76
　第五节　用户需求驱动下社会化问答社区知识聚合服务体系框架构建…… 78

第五章　面向用户需求的社会化问答社区用户生成答案质量评价…… 82
　第一节　问答社区答案质量评价相关研究现状………………………… 82

第二节 用户生成答案质量评价指标体系构建 …………………85
第三节 基于 GA-BP 神经网络的用户生成答案质量自动化评价 ………92
第四节 应用研究——以"知乎"网站为例 …………………98

第六章 基于标签聚类的社会化问答社区答案知识聚合及创新服务 ……… 105
第一节 答案标签自动化生成 ………………………… 105
第二节 基于 DPCA 算法的用户生成答案知识聚合 ………… 109
第三节 基于答案标签聚类的社会化问答社区知识导航服务 ……… 113
第四节 应用研究——以"携程问答"为例 ………………… 119

第七章 基于答案摘要生成的社会化问答社区知识聚合及创新服务 ……… 125
第一节 答案摘要生成的概念及作用 …………………… 125
第二节 相关理论与技术方法 …………………………… 128
第三节 基于 Word2vec 和 MMR 的答案摘要生成方法 …… 133
第四节 基于答案摘要生成的社会化问答社区知识聚合服务 ………… 134
第五节 应用研究——以"知乎"网站为例 ………………… 138

第八章 提升社会化问答社区知识聚合及服务能力的策略 ……… 146
第一节 知识服务主体层面 …………………………… 146
第二节 知识服务对象层面 …………………………… 148
第三节 知识服务技术方面 …………………………… 149
第四节 知识服务环境方面 …………………………… 150

第九章 研究结论与展望 ……………………………… 153
第一节 研究结论 …………………………………… 153
第二节 研究局限与展望 ……………………………… 156

附录 社会化问答社区用户生成答案质量调查问卷 ……………… 159

参考文献 ……………………………………………… 167

绪　　论

第一节　选题背景

（1）社会化问答社区迅速发展，已成为网络用户获取信息和知识的重要途径。随着大数据和移动互联网时代到来，传统基于关键词检索的搜索引擎搜寻和获取知识的方式已不能很好地满足人们的需求。互联网快速发展带来的信息膨胀化、碎片化、冗余化等问题加速了用户对于垂直化、精准化信息的追求，用户越来越倾向于付出较少的时间和精力获取更加专业、权威的信息与知识，迫切地需要一种新型的搜寻和获取知识方式。正是在这种大环境背景下问答社区应运而生。问答社区能够解决传统搜索引擎面临的问题，成为网络用户获取信息和知识的重要途径和方法。特别是进入 Web2.0 时代后，用户使用互联网的方式发生了很大变化，用户参与、使用、分享、创造信息与知识的需求愈发强烈，用户分享和生成的意见、经验、观点等知识不断地注入互联网。传统的问答社区也逐渐发生变化，将社交和问答结合起来，引入社交网络来生产、传播和分享知识，形成了社会化问答社区。社交网络的引入以及问答社区具有基于话题或兴趣的知识垂直细分特点，使其能够更加满足人们对高质量、精准性、个性化的知识需求。同时，社交网络引入也能够协助用户高效快捷的查找和获取知识，促进社会化问答社区知识流动和交互。

近年来社会化问答社区发展迅速，出现了大量的相似网站，诸如："知乎""分答""悟空问答""靠我"等。各个社会化问答社区竞相发展，注册用户数量均呈现指数式增长。以知乎为例，自 2013 年向公众开放注册，在其后一年内，注册用户就由 40 万攀升至 400 万。截至 2017 年 12 月，知乎注册用户已过 1.2 亿，平均日活跃用户量达 3000 万，机构号超过 4000 个，月浏览量达到了 180 亿次①。因此，可以看出，社会化问答社区已发展成为多元化、机制完善的大型知识分型平台，成为人们日常获取信息与知识的重要途径。

（2）社会化问答社区知识资源急剧增长，出现"知识过载，用户知识迷航"现象。社会化问答社区的知识内容和话题分布广泛，用户之间的问答形成了庞大的、有价值的知识库，汇集了大量网络上未曾出现的知识，内容涉及范围广泛且丰富②。用户通过社会化问答社区搜寻和获取知识的同时，也会参与到知识内容的生产和传播。社会化问答社区的问题和答案以用户参与生成为主，用户在社会化问答社区可以自由提问、回答，参与已有问题或答案的编辑、评论和转发，随意性较强。随着用户数量增多和用户参与度提高，知识生产和传播过程的缺陷和组织的不规范，知识资源逐渐积累沉淀，使问答社区知识资源呈现指数式增加，从而演变成社会化问答社区的海量数据资源，从而导致"知识过载"等问题的发生。

社会化问答社区用户在知识搜寻、查找、质量鉴别和可信度判断等方面付出了大量的时间和精力，给用户获取和利用知识带来一定的困难和麻烦，出现"知识迷航"现象。这使用户知识搜寻和获取的效率降低，难以发现满足用户需求的有用知识，同时也出现了有大量有用知识无人问津、答案难以被发现和使用。因此，面对社会化问答社区知识资源的急剧增长和更新，实现对于知识资源有效的管理和组织，更好地帮助用户搜寻、获取和利用知识成为社会化问答社区发展面临的重要问题。

（3）社会化问答社区用户知识需求发生极大变化，知识聚合服务成为发展趋势。在大数据和移动互联网时代背景下，用户的知识需求以及对社会化问答知识服务要求均发生了极大变化。传统的社会化问答社区知识服务模式已远远不能满足用户个性化、精准化、集成化的知识服务需求。相比以往的用户在社会化问答社区搜寻和查找所需知识，用户更期望社会化问答社区能够提供"一站式"的知识搜索、集成和序化组织，协助用户挖掘和发现新知识及知识之间关联。同时也期望社会化问答社区能够面向用户需求、兴趣爱好等专门定制和主动推送知识资源，提供个性化、智能化的知识服务。

经过近年来的发展，知识资源聚合及服务已在图书馆、学术虚拟社区等领域取得了一定的研究成果，并逐渐由数字文献资源聚合转向网络社区知识资源聚合。社会化问答社区知识资源聚合及服务已成为未来发展趋势，迫切需要从

① 知乎与艾瑞咨询.知乎用户刻画及媒体价值研究报告［R］.［2017–12–31］.http://www.sohu.com/a/199103017_362315.
② 沈波，赖园园.网络问答社区"Quora"与"知乎"的比较分析［J］.管理学刊，2016，29（5）：43–50.

理论上进行规范和统一，形成完善的知识聚合理论框架与方法体系。虽然社会化问答社区已逐渐开展知识聚合服务，并已取得部分成效，但是存在知识聚合层次以文本为主，对于知识单元之间的挖掘和聚合组织程度不够，不能满足用户精准化的知识服务需求，而且社会化问答社区知识聚合服务的能力和质量还有待提高。然而，当前社会化问答社区知识聚合及服务的研究存在不足，对于社会化问答社区知识挖掘和聚合组织方面的研究较少。如何揭示和挖掘社会化问答社区中蕴含知识资源，实现面向用户需求的知识聚合与发现，创新社会化问答社区的知识服务模式，成为困扰社会化问答社区开展知识服务的首要问题。

（4）先进技术发展为社会化问答社区知识挖掘和聚合组织提供了支持，为创新知识服务模式提供了新视角和思路。近年来大数据挖掘、人工智能、语义网等技术和方法不断发展，丰富和完善了网络用户生成内容知识挖掘和组织的方法体系，为社会化问答社区的知识挖掘及聚合组织提供了技术支持。首先，利用人工智能、语义网等技术能够对社会化问答社区中用户生成答案中蕴含知识语义化操作，解决了不同结构和来源知识的表示和互操作性，并保证了处理知识的可阅读性和理解性，使知识资源通过语义层面紧密地联系，进而提高社会化知识聚合的程度和效果。其次，大数据挖掘算法和工具为用户知识需求挖掘获取和建模、知识挖掘和发现、知识可视化等均提供了支持。一方面，运用大数据挖掘算法和技术手段能够实现用户需求的精准获取和挖掘，为用户提供的服务更有针对性和智能化。另一方面，大数据挖掘算法和技术的应用能够提高社会化问答社区中知识挖掘和组织能力，提高知识挖掘精准度和效率。在知识服务提供方面，知识可视化技术可以使服务提供知识资源表达和展示更加丰富多样化，提高用户知识获取效率和服务体验。因此，有必要借助先进的大数据挖掘算法、人工智能及语义网等技术探讨社会化问答社区知识聚合方法，创新社会化问答社区的知识服务模式。

第二节　研究意义

本书以智能信息处理、知识组织、知识服务等方面的理论与方法为基础，从理论和实践角度探讨基于知识聚合的社会化问答社区知识服务相关问题，不仅深化了知识聚合理论、社会化问答社区知识管理与服务等相关领域的理论研究，而且在知识聚合方法的应用研究和社会化问答社区知识管理和运营等方面具有重要的实践意义。

一、理论意义

（1）丰富了社会化问答社区知识管理与服务的理论体系，扩展了知识聚合理论的应用领域和范围。本书将知识聚合理论和理念引入社会化问答社区知识服务领域，充分发挥了知识聚合的优势和特点，为社会化问答社区知识服务的服务理念、服务模式、方法、价值目标等基础理论赋予了新的内涵特征。通过对社会化问答社区用户需求分析与建模，构建了基于知识聚合的社会化问答社区知识服务体系框架，探讨了社会化问答社区基于知识聚合开展知识服务的优势、动力、模式和过程。基于知识聚合方法构建了知识导航和知识推荐等更加精准化、智能化的创新型知识服务模式。所以，本书为进一步研究社会化问答社区知识服务提供了新思路和视角，有助于优化和创新社会化问答社区知识服务模式。另外，本书将知识聚合理论引入社会化问答社区知识服务，还能够拓展知识聚合理论的研究领域和应用对象，丰富和完善知识聚合理论。

（2）丰富和完善了社会化问答社区知识聚合和知识挖掘和组织的方法理论体系。本书借鉴和优化了学术数字资源等其他领域的知识聚合方法，针对社会化问答社区知识特点，提出了基于标签共现、改进关联规则的社会化问答社区用户生成答案的知识聚合方法。通过采集数据验证了知识聚合方法的有效性和可行性，为网络社区知识资源聚合提供了更多的方法和技术支持，丰富了知识聚合的方法理论体系。同时还将语义网、数据挖掘及机器学习等技术方法应用到知识挖掘和发现，揭示知识之间的关联，实现社会化问答社区答案知识的重新组织和序化，这也对社会化问答社区的知识挖掘和组织方法理论体系的丰富具有非常重要的理论价值。

二、实践意义

（1）为社会化问答社区创新和开展知识服务提供参考依据和建议。针对社会化问答社区知识流动和用户知识需求分析，有助于社会化问答社区开展知识服务工作前了解内部知识流动状况和把握用户知识需求的特性和规律。提出了基于知识聚合的社会化问答社区知识服务体系框架，分析了基于知识聚合开展知识服务的优势、动力、方式和过程，提出了基于标签共现、改进关联规则的社会化问答社区答案知识聚合方法，构建了相应的创新型服务模式，提出提升社会化问答社区知识聚合服务能力策略，这些研究结论能够为社会化问答社区优化和创新知识服务模式，基于知识聚合开展知识服务提供直接的参考依据，具有较强地解决当前社会化问答社区面临实际知识服务问题的应用价值。

（2）为社会化问答社区知识组织和管理提供了技术和方法支持。本书为实现社会化问答社区答案知识聚合，研究和设计了社会化问答社区答案标签生成、标签聚类、关联知识挖掘和发现及可视化的方法和实现技术，并采集数据验证了提出方法的有效性和可行性。其能够对社会化问答社区知识服务过程中知识生产、挖掘与组织、传递、接受以及可视化展示等产生较大影响，为社会化问答社区答案知识组织和管理提供了方法和技术支持。另外，本书提出的知识聚合方法和技术也有助于社会化问答社区与用户之间更好地进行知识交流和互动，提高社会化问答社区知识服务的能力和水平，在实践领域为社会化问答社区知识聚合服务提供技术和方法支持，促进知识聚合方法实践的深入和普适性发展。

第三节　国内外研究现状

一、社会化问答社区用户生成内容的国内外研究现状

1. 国内社会化问答社区用户生成内容的研究现状

社会化问答社区用户生成内容包括用户生成的答案、问题、评论，以及用户其他信息操作行为（点赞、转发分享）等。笔者通过中国知网、万方、维普三个中文学术资源数据库检索社会化问答社区用户生成内容相关的研究文献，梳理发现主要体现在以下四个方面：

（1）社会化问答社区用户生成内容的质量评价及预测。社会化问答社区用户生成内容的质量评价及预测研究是当前国内社会化问答社区研究热点，主要体现在用户生成内容质量评价指标特征选取、评价方法选择、内容质量预测、答案质量优化和控制策略等方面。

1）问答社区用户生成内容质量评价特征选取方面。问答社区用户生成内容质量评价指标特征是评价标准的体现。国内学者从不同角度设置问答社区用户生成内容质量评价标准，并针对不同的问答平台开展应用实践研究，但是没有形成统一的评价标准。例如，孙晓宁等[①]构建的基于 SQA 系统的社会化搜索

---

① 孙晓宁，赵宇翔，朱庆华.基于 SQA 系统的社会化搜索答案质量评价指标构建［J］.中国图书馆学报，2015，41（4）：65-82.

答案质量评价模型包括内容质量、情境质量、来源质量和情感质量四个维度，共有 18 项关键性指标要素。张婉[①]通过实证分析、层次分析法从信息内容质量、信息表达质量、信息系统质量、信息效用质量四个评价维度构建了问答社区信息质量评价指标体系。姜雯[②]等研究发现，信息中的情感特征对在线问答社区信息质量评价产生影响，从文本特征、用户特征、时效特征、情感特征四个维度评价在线问答社区信息质量；孔维泽等[③]提出基于文本的特征、基于时序的特征、基于链接的特征、基于问题粒度的特征和基于百度知道社区用户的特征，从更多的角度对问答社区答案质量进行评价。李翔宇[④]等结合专家评分法及三角模糊加权平均 G1 法，构建包含 12 个指标的 SQA 平台答案质量评测指标体系。

2）问答社区用户生成内容质量评价方法研究。目前一般将问答社区信息质量自动化评价视为基于机器学习的分类问题[⑤]。常用的问答社区用户生成内容质量评价方法大部分为机器学习方法，例如，最大熵、支持向量机、决策树、随机森林、逻辑回归、神经网络等；也有部分学者采用层次分析、模糊综合评价等方法。另外，也有部分学者基于评价指标体系采用人工性标注方法评价。例如，李晨等[⑥]利用社会网络的方法对提问者和回答者的互动关系及特点统计与分析，然后采用人工标注提取文本和非文本两类特征集，利用机器学习算法设计和实现了基于特征集的问答质量分类器。王伟等[⑦]选取逻辑回归、支持向量机和随机森林三种评价方法，从结构化特征、文本特征及用户社交属性三个维度评价中文问答社区答案质量。崔敏君等[⑧]通过区分问题类型提取文本、非文本、语言翻译性和答案中的链接数四类特征，采用逻辑回归算法对各类型问题的答案质量评价，取得了较好的实验效果。胡海峰[⑨]等从社区问答系统中答案的文本信息和非文本信息的特征表示与融合两方面入手，针对社区问答系统中用户生成答案的质量评价方法开展研究。

① 张婉.问答社区信息质量评价指标体系构建研究［D］.安徽大学，2015.
② 姜雯，许鑫，武高峰.附加情感特征的在线问答社区信息质量自动化评价［J］.图书情报工作，2015，59（4）：100-105.
③ 孔维泽，刘奕群，张敏，马少平.问答社区中回答质量的评价方法研究［J］.中文信息学报，2011，25（1）：3-8.
④ 李翔宇，陈珉，罗琳.FWG1 法在社会化问答平台答案质量评测体系构建中的应用研究［J］.图书情报工作，2016，60（1）：74-82.
⑤ 姜雯，许鑫.在线问答社区信息质量评价研究综述［J］.现代图书情报技术，2014（6）：41-50.
⑥ 李晨，巢文涵，陈小明，李舟军.中文社区问答中问题答案质量评价和预测［J］.计算机科学，2011，38（6）：230-236.
⑦ 王伟，冀宇强，王洪伟，郑丽娟.中文问答社区答案质量的评价研究：以知乎为例［J］.图书情报工作，2017，61（22）：36-44.
⑧ 崔敏君，段利国，李爱萍.多特征层次化答案质量评价方法研究［J］.计算机科学，2016，43（1）：94-97+102.
⑨ 胡海峰.用户生成答案质量评价中的特征表示及融合研究［D］.哈尔滨工业大学，2013.

　　部分学者针对答案质量排序方法和最佳答案的选取方法开展研究，提出面向用户需求的答案排序方法，提高最佳答案的选取准确率。刘瑜等[①]提出一种新的基于 RTEM 模型的候选答案排序方法，并验证了方法的有效性和合理性。来社安和蔡中民[②]针对具有多个答案的问题，提出一种基于相似度的问答社区问答质量评价方法，并引入 HITS 算法模型对权值进行调整，选取最佳答案。也有学者针对用户提问问题的问题质量判断和问题类型分类开展研究。例如，董才正和刘柏嵩[③]提出一种基于疑问词的层次化结构问题分类方法，运用支持向量机模型进行构造分类器，有效提高了问答社区中问题分类的准确率。

　　3）社会化问答社区用户生成内容质量预测、影响因素与优化控制策略方面研究。分析影响用户生成内容质量的影响因素，基于内容特征、生成者特征等维度进行生成内容质量预测，提出问答社区用户生成内容质量控制的对策和建议。例如，叶建华和罗毅[④]基于顾客满意度理论，构建基于"重点改善"区域相关指标的用户答案质量满意度概念模型，实证研究发现用户的期望感知质量、绩效感知质量和感知价值，对用户的总体满意度产生直接显著影响，并且总体满意度对用户的持续使用产生强正相关影响。徐安滢等[⑤]基于用户回答顺序运用点对方式结合回答数量和时间特征进行答案质量预测。林芷羽[⑥]以知乎为例，分析了网络问答社区用户生成内容筛选机制，提出了筛选的对策和建议。罗毅和曹倩[⑦]引入一种新的 RIPA 理论，比较两者在社会问答平台答案质量中的应用，认为用户生成内容的完整性、专业性和权威性三个指标是影响社会问答平台答案质量的关键因素。施国良等[⑧]选取知乎为研究对象，对社会化问答网站答案认可度的影响因素进行了研究，研究中以信息接收模型为理论基础，从答案特征和答题者特征两个角度提出了研究假设，并采用内容分析法和回归模型对假设进行检验。

　　（2）社会化问答社区用户生成内容的行为研究。社会化问答社区用户生

① 刘瑜，袁健.基于 RTEM 模型的问答社区候选答案排序方法［J］.电子科技，2016，29（5）：130-134.
② 来社安，蔡中民.基于相似度的问答社区问答质量评价方法［J］.计算机应用与软件，2013，30（2）：266-269.
③ 董才正，刘柏嵩.面向问答社区的中文问题分类［J］.计算机应用，2016，36（4）：1060-1065.
④ 叶建华，罗毅.基于"重点改善"区域相关指标的社会问答平台答案质量研究［J］.图书与情报，2016（1）：118-125.
⑤ 徐安滢，吉宗诚，王斌.基于用户回答顺序的社区问答答案质量预测研究［J］.中文信息学报，2017，31（2）：132-138.
⑥ 林芷羽.网络问答社区用户产生内容筛选机制研究——以知乎网为例［J］.新闻传播，2016（4）：21-22.
⑦ 罗毅，曹倩.基于 RIPA 方法的社会问答平台答案质量研究［J］.图书情报工作，2015，59（3）：126-133，25.
⑧ 施国良，陈旭，杜璐锋.社会化问答网站答案认可度的影响因素研究——以知乎为例［J］.现代情报，2016，36（6）：41-45.

成内容的行为研究是指用户生成内容过程中的各种信息行为，主要包括问答社区用户提问、知识贡献、知识共享、知识互动等行为的模型、影响因素，以及用户生成内容行为产生的动机、激励机制等方面研究。本书主要从影响因素、生成动机、激励机制三个方面综述相关研究。

1）用户生成内容行为的影响因素方面。运用某种理论或方法构建用户生成内容行为影响因素模型，运用实证分析法检验模型的有效性和合理性。例如，张嵩等[1]基于"认知—情感—意向—行为"框架，以社会交换理论为基础，构建了问答类社区用户持续知识贡献行为的理论模型。范哲和张乾[2]从MOA视角构建了问答网站用户知识贡献行为模型，并采集数据从动机、机会和能力三个维度实证研究用户的知识贡献行为。

也有部分学者基于社会交换、用户接受等理论分析用户生成内容行为的影响因素，例如，袁毅和杨莉[3]以百度知道社区的交互数据为研究样本，利用相关性分析和回归分析方法，分析用户生成内容的影响因素。甘春梅和黄悦[4]研究发现利他主义、自我效能，以及声誉正向影响社会化问答社区用户的创造行为。杨海娟[5]以TRA为基础，结合激励理论和社会交换理论，构建了社会化问答网站用户贡献意愿的影响因素模型，实证研究发现利他主义、互惠显著影响用户贡献态度，互惠显著影响主观规范，而且用户贡献态度对其贡献意愿有正向显著影响。张荣华[6]基于社会交换理论、社会资本理论与社会认知理论分析了知识问答社区用户的知识共享意愿的影响因素。吕峰[7]选取知乎用户数据作为实证研究对象，运用潜在类别分析中经典的隐马尔科夫模型，对用户潜在的知识贡献意愿的变化规律和影响因素开展探索性研究。杨志博[8]等基于社会交换理论提出了互惠、信任和感知价值的交互作用对社会化问答网站知识共享的影响模型。

2）用户生成内容行为产生的动机研究。分析社会化问答社区用户生成内容行为发生的动机。范宇峰[9]等实证研究发现，问答社区用户参与动机与参与

① 张嵩，吴剑云，姜雪.问答类社区用户持续知识贡献模型构建［J］.计算机集成制造系统，2015，21（10）：2777-2786.

② 范哲，张乾.MOA视角下的问答网站用户贡献行为研究［J］.图书与情报，2015（5）：123-132.

③ 袁毅，杨莉.问答社区用户生成资源行为及影响因素分析——以百度知道为例［J］.图书情报工作，2017，61（22）：20-26.

④ 甘春梅，黄悦.社会化问答社区不同用户行为影响因素的实证研究［J］.图书情报知识，2017（6）：114-124.

⑤ 杨海娟.社会化问答网站用户贡献意愿影响因素实证研究［J］.图书馆学研究，2014（14）：29-38，47.

⑥ 张荣华.知识问答社区用户的知识共享意愿研究［D］.南京大学，2014.

⑦ 吕峰.基于隐马尔科夫模型的问答社区用户知识贡献意愿研究［D］.哈尔滨工业大学，2015.

⑧ 杨志博.社会化问答网站知识共享影响因素及其交互作用研究［D］.中国科学技术大学，2016.

⑨ 范宇峰，陈佳佳，赵占波.问答社区用户知识分享意向的影响因素研究［J］.财贸研究，2013，24（4）：141-147.

意向之间存在关联，有形回报、利他愉悦和自我学习正向影响问答社区用户参与态度，用户参与态度、主观规范，以及感知行为控制中的资源条件正向影响问答社区用户参与意向。张体慧[1]以知乎为研究对象对问答社区用户知识分享动机开展研究，研究得到影响用户知识分享的七个动机因子。金晓玲等[2]针对积分等级不同的用户，运用实证分析探讨问答社区用户持续回答问题贡献知识意向的影响机制。胡玮玮和张晓亮[3]基于沉浸理论，"以认知—沉浸体验—体验行为"为主线解释了社会化问答社区用户持续知识共享行为的积极情绪体验驱动路径，并对其进行实证研究。

3）用户生成内容行为的激励机制及对策建议研究。基于激励、成本收益、社会交换等理论构建社会化问答社区用户生成内容的激励机制，鼓励用户参与社会化问答社区知识贡献、共享及传播等。例如，施涛和姜亦珂[4]等分析了社区激励机制对用户复制型回答与创作型回答内外在收益的影响，研究发现外在奖励能够提升用户复制型回答数量，注重内在奖励有助于增加创作型回答数量。汤小燕[5]结合社会化问答型虚拟社区知识共享特点，构建激励机制的理论模型及系统动力学模型，提出了社会化问答型虚拟社区知识共享的激励策略。沈初蕾[6]以知乎为例，探讨了社会化问答社区的激励机制，并提出了相关的对策和建议。

（3）社会化问答社区用户生成内容的传播交流研究。社会化问答社区用户生成内容的传播交流研究主要体现在信息或知识的传播行为、传播模式、传播影响因素、传播机制、传播策略等方面，也有学者借助社会网络分析、系统动力学等方法可视化分析问答社区用户生成内容的传播路径和影响因素。

1）在知识传播模式方面。从不同的视角和理论构建问答社区知识传播模式，分析知识传播路径，并选取相关案例进行应用分析。诸如韦勇娇[7]以知乎为例分析了认知盈余时代下知识传播的新模式；刘津[8]以知乎网站为例探讨了

① 张体慧.问答社区用户知识分享行为的动机研究［D］.中国矿业大学，2014.
② 金晓玲，汤振亚，周中允，燕京宏，熊励.用户为什么在问答社区中持续贡献知识？：积分等级的调节作用［J］.管理评论，2013，25（12）：138-146.
③ 胡玮玮，张晓亮.基于沉浸理论对社会化问答社区用户知识共享持续行为的实证研究［J］.浙商管理评论，2016（00）：132-146.
④ 施涛，姜亦珂.社会化问答社区用户知识贡献行为模型研究［J］.科技进步与对策，2017，34（18）：126-130
⑤ 汤小燕.社会化问答型虚拟社区知识共享激励机制研究［D］.华南理工大学，2014.
⑥ 沈初蕾.探究社会化问答网站的激励机制——以"知乎"为例［J］.商，2016（28）：226.
⑦ 韦勇娇.认知盈余时代，网络问答社区的知识传播模式探析——以"知乎"为例［J］.广西职业技术学院学报，2014，7（1）：30-34+40.
⑧ 刘津.社会化问答网站中的知识生产模式研究［D］.南京师范大学，2016.

社会化问答社区知识生产以及知识传播模式的特点和架构；刘梦黎[①] 分析了网络问答平台的中心型传播模式、多中心型传播模式、集群型传播模式、逐级型传播模式四种科学传播模式。陈风雷等[②] 利用 Stack Exchange 中具有美国地理信息的用户构建 Stack Exchange 问答社区在美国境内的知识传播图谱，对传播网络的统计特征进行了分析，提取出问答社区类网站的传播模式；邓莉丽[③] 基于消费文化视野，选择社会化问答社区的典型案例"知乎"，以"用户、知识、知乎"的三角关系为切入口，分析知识在"知乎"社区内的初次传播过程与知识衍生产品的二次传播过程，探寻知识传播过程中知识被消费的动态。

2）问答社区知识传播存在问题、特点及对策建议方面研究。邓海霞[④] 以知乎网为例分析了社会化问答网站的知识生产和传播，认为知乎通过人、信息和关系构建了知识传播网络，并在弱关系的支撑下实现了知识文本的多元化传播。胡青[⑤] 以知乎网为例，系统地探讨了其知识传播的特点以及知识传播架构。刘佩和林如鹏[⑥] 采取内容分析和社会网络分析相结合的方法，分析了网络问答社区"知乎"的知识分享和传播行为。

3）问答社区知识传播机制方面研究。张兴刚[⑦] 采用社会网络分析的方法，提取百度知道的地区版块用户信息，分析问答社区中信息传播与共享模式的相关特性，最后提出进一步完善问答社区的对策建议。袁毅和薛海燕[⑧] 分析了问答社区的低可信度信息的类型、传播特征及表现形式，提出在信息传播的源头引入 SNS 机制、在传播的过程中引入专家过滤和系统过滤机制、在传播的后期引入质量评价与推送机制的改进措施。宁菁菁[⑨] 基于"弱关系理论"分析了以知乎网为代表的知识问答社区知识传播机制，认为知乎网中的隐性知识传播具有开放性特点。张慧[⑩] 分析了付费语音问答平台"分答"的传播特点，分别从传播主体、传播内容、传播对象、传播渠道和传播效果五个方面来具体分析其传播机制。

（4）社会化问答社区用户生成内容的组织及挖掘技术方面研究。社会化

① 刘梦黎.网络问答平台的四种科学传播模式研究［D］.广西大学，2014.
② 陈风雷，傅晟波，宣琦. Stack Exchange 问答社区知识传播［J］.计算机系统应用，2016，25（10）：11-17.
③ 邓莉丽.消费文化视野下社会化问答社区的知识传播研究［D］.南京师范大学，2017.
④ 邓海霞.社会化问答网站的知识生产与传播［D］.湖南师范大学，2015.
⑤ 胡青.社会化问答网站的知识传播研究［D］.辽宁大学，2015.
⑥ 刘佩，林如鹏.网络问答社区"知乎"的知识分享与传播行为研究［J］.图书情报知识，2015（6）：109-119.
⑦ 张兴刚.中文问答社区信息传播机制研究［D］.华东师范大学，2010.
⑧ 袁毅，蔚海燕.问答社区低可信度信息的传播与控制研究［J］.图书馆论坛，2011，31（6）：171-177.
⑨ 宁菁菁.基于"弱关系理论"的知识问答社区知识传播研究——以知乎网为例［J］.新闻知识，2014（2）：98-99，50.
⑩ 张慧.付费语音问答平台"分答"的传播机制分析［J］.传媒观察，2016（12）：14-16.

问答社区用户生成内容的管理组织及挖掘方面的研究主要体现在对于用户生成内容（答案、问题、评论）的组织、挖掘技术、集成融合、检索推荐、知识聚合与发现等方面。

1）问答社区问题的分类、聚类、检索推荐方面研究。部分学者依据问题文本特征规律采用分类算法将问题进行分类。例如，董才正和刘柏嵩[1] 提出一种面向问答社区的粗粒度分类体系，以及基于疑问词的层次化结构问题分类方法。赵胜辉等[2] 针对社区问答系统问句相似度计算问题，提出了一种改进的 TF-IDF 算法。曲明成[3] 对问答社区中的问题和答案推荐机制开展研究，提出了一种基于主题建模思想的问题推荐方法。彭月娥等[4] 基于"知网"语义知识资源，提出基于问句相似度的问答社区问题去重方法。苗亚杰[5] 提出了 Basic-PLSA 模型，实现基于文本特征的社区问题自动聚类。田晶华等[6] 提出了针对两种不同流动粒度的问题分类算法，运用不同时刻的数据集层次集成学习方法提高了问题分类精度和效率。延霞和范士喜[7] 对问答社区的海量问句检索关键技术开展研究，提出一种深层次的问句语义分析算法，实现问句从文字空间到语义空间的映射。孙万龙[8] 采用 GBDT（Gradient Boosting Decision Tree）的机器学习方法，对问答社区标签推荐问题开展研究，解决了推荐标签的排序问题。

2）答案文本的摘要生成、聚合、融合、推荐、标签生成、抽取等方面研究。徐振[9] 分别提出了咨询型、观点型和调研型三类问题的答案文本摘要算法。刘乙蓉和刘芸[10] 对问答平台的答案聚合开展研究，从信息聚合的方式入手提出了聚合答案相对于普通答案的优势，并对聚合答案的优化提出了相应的建议。李文根[11] 对于社区问答系统的中文短文本标签生成进行研究，提出了利用外部知识库构建图模型的标签生成方法、采用文本聚集和词组发现的标签生

① 董才正，刘柏嵩. 面向问答社区的中文问题分类 [J]. 计算机应用，2016，36（4）：1060–1065.
② 赵胜辉，李吉月，徐碧，孙博研. 基于 TFIDF 的社区问答系统问句相似度改进算法 [J]. 北京理工大学学报，2017，37（9）：982–985.
③ 曲明成. 问答社区中的问题与答案推荐机制研究与实现 [D]. 浙江大学，2010.
④ 彭月娥，杨思春，李心磊，丁菲菲，向恒月. 面向中文问答社区的问题去重技术研究 [J]. 苏州科技学院学报（自然科学版），2014，31（1）：76–80.
⑤ 苗亚杰. 基于话题模型的社区问题聚类算法研究 [D]. 清华大学，2011.
⑥ 田晶华，李翠平，陈红. 基于类标签聚类的动态问题分类集成学习算法 [J]. 计算机科学与探索，2011，5（9）：826–834.
⑦ 延霞，范士喜. 基于问答社区的海量问句检索关键技术研究 [J]. 计算机应用与软件，2013，30（7）：315–317.
⑧ 孙万龙. 基于 GBDT 的社区问题标签推荐技术研究 [D]. 哈尔滨工业大学，2015.
⑨ 徐振. 面向问答社区的问题类型敏感的答案摘要算法研究 [D]. 哈尔滨工业大学，2014.
⑩ 刘乙蓉，刘芸. 问答平台中的答案聚合及其优化：以 Quora 为例 [J]. 图书馆学研究，2017（6）：48–56，13.
⑪ 李文根. 基于社区问答系统的中文短文本标签生成研究 [D]. 南京大学，2017.

成方法和基于相似度推荐的标签生成方法。孙振鹏[1]研究了问答社区意见选择类问题的答案融合技术，基于 MMR 模型的文摘方法对答案文本以句子为单位进行了摘要研究，提出了融合情感极性信息和 MMR 模型的答案摘要方法，结合答案文本的情感倾向信息对 MMR 模型做出了三种不同的改进，最后使用 ROUGE 评价标准对模型的有效性进行评价。

3）问答社区用户生成内容的知识管理模式研究。该方向研究主要是提出问答社区用户生成内容的知识管理模式，方法和对策。例如，郑若星[2]应用知识管理的相关理论对社会化问答网站的技术框架，知识流程及知识管理模式开展研究。汤欢[3]以知乎为例研究了基于社会化问答平台的个人知识管理，提出了个人基于社会化问答社区进行知识管理的可行性和方法。

4）问答社区用户生成内容的数据挖掘技术方法研究。该方向的研究主要是借鉴大数据挖掘、智能信息处理领域的挖掘算法开展用户生成内容的挖掘和分析。例如，陈风雷[4]利用复杂网络方法分析 Stack Exchange 问答社区中用户—问答—标签三者之间的复杂关联，构建了用户问答关系网络和标签相似度网络，并运用可视化方法给出了它们的结构特征。王宝勋[5]主要对面向网络社区问答对的语义挖掘中的关键问题研究，提出了基于深度学习模型的问答语义相关性量化方法，并基于非文本特征对问答对挖掘，提出了面向问答社区的答案文摘生成方法。佟铁[6]对医患问答社区文本挖掘开展研究，对医患问答社区中的药名实体识别和情感分析两个主题进行研究，构建了基于机器学习的层次结构多策略方法进行知识挖掘。倪兴良[7]对问答系统中的短文本聚类开展研究，提出了一种新的 Term Cut 聚类策略。刘璟[8]提出了基于维基百科的定义型问答方法和一种新的面向论坛的无监督答案抽取方法。范桥青和方钰[9]以 Axiomatic 检索模型为基础，利用 Word2Vec 在健康问答数据集上训练出的词向量来衡量词语语义相似度，来实现对问答数据的语义检索。

2. 国外社会化问答社区用户生成内容的研究现状

通过 Web of Science、Springer Link、Elsevier ScienceDirect、谷歌学术

① 孙振鹏.面向问答社区意见选择类问题的答案融合技术研究［D］.哈尔滨工业大学，2012.
② 郑若星.社会化问答网站的知识管理模式研究［D］.吉林大学，2012.
③ 汤欢.基于社会化问答平台的个人知识管理研究［D］.华中师范大学，2017.
④ 陈风雷.Stack Exchange 问答社区网络数据挖掘研究［D］.浙江工业大学，2016.
⑤ 王宝勋.面向网络社区问答对的语义挖掘研究［D］.哈尔滨工业大学，2013.
⑥ 佟铁.医患问答社区文本挖掘研究［D］.辽宁科技大学，2015.
⑦ 倪兴良.问答系统中的短文本聚类研究与应用［D］.中国科学技术大学，2011.
⑧ 刘璟.面向问答的社区型知识抽取技术研究［D］.哈尔滨工业大学，2009.
⑨ 范桥青，方钰.面向健康问答社区的语义检索技术研究与分析［J］.电子技术与软件工程，2017（2）：202–204.

等外文学术资源数据库检索问答社区用户生成内容相关的研究文献，发现国外对于问答社区用户生成内容的研究比较注重用户生成内容质量评价的技术方法、数据挖掘技术等方面研究，偏向应用实践方面，缺乏理论基础方面的研究。其研究主要体现在问答社区用户生成内容的质量评价标准、技术方法、用户生成内容数据挖掘技术手段、用户生成内容挖掘的应用实践等方面。

（1）问答社区用户生成内容质量的影响因素、评价标准、评价方法方面的研究。国外部分学者针对问答社区用户生成内容质量的评价标准开展研究，认为问答社区的信息是为了满足用户需求，用户在选取最佳答案时考虑的因素可以作为信息质量评价的参考。学者从不同的角度设计评价标准。例如，Kim 等[1] 研究发现社会化问答社区 Yahoo!Answers 用户选取和采纳最佳答案时会考虑社会性情感、内容及效用相关的评价标准，并且不同话题的评价标准也存在差异；Ishikawa 等[2] 通过用户答案选取评论解释，设计了包括回答者经验、证据来源、礼貌程度、详细程度、意见、相关性、具体化程度、全面性等 12 个问答社区质量评价指标；Oh S 等[3] 选取信息准确性、完整性、相关性、来源可靠性、回答者同情心、客观性、可读性、礼貌、自信、回答者的努力 10 个指标作为信息质量评价标准，对比分析不同职业人员对问答社区答案质量的评估差异。

部分学者从不同的角度选取信息质量评价特征，验证不同特征对答案质量的影响，并选取雅虎回答等问答社区数据开展实证研究。Suryanto 等[4] 基于质量感知框架设计社区问答门户最佳答案选取方法，考虑答案的相关性和答案质量。学者除了使用答案特征来确定答案质量外，还利用回答者特性评估方法来确定答案质量。例如，Fichman[5] 以准确性、完整性、可证实性三个方面为标准开展问答社区信息质量评价，发现答案质量与问答社区平台自身没有关系。

① Kim S，Oh J S，Oh S. Best-answer Selection Criteria in a Social Q&A Site from the User-oriented Relevance Perspective [J]. Proceedings of the Association for Information Science and Technology，2007，44（1）：1-15.

② Ishikawa D，Kando N，Sakai T. What Makes a Good Answer in Community Question Answering? An Analysis of Assessors' Criteria [C] //EVIA@ NTCIR. 2011.

③ Oh S，Worrall A，Yi Y J. Quality Evaluation of Health Answers in Yahoo! Answers：A Comparison between Experts and Users [J]. Proceedings of the Association for Information Science and Technology，2011，48（1）：1-3.

④ Suryanto M A，Lim E P，Sun A, et al. Quality-aware Collaborative Question answering：Methods and Evaluation [C] // Proceedings of the Second ACM International Conference on Web Search and Data mining. ACM，2009：142-151.

⑤ Fichman P. A comparative assessment of Answer Quality on four Question Answering Sites [J]. Journal of Information Science，2011，37（5）：476-486.

Chua 和 Banerjee[①] 研究回答速度与回答质量之间的关系，研究发现不同类型问题的回答质量和回答速度存在显著差异，回答质量与回答速度之间一般没有显著关系。最优答案比最快的答案有更好的整体回答质量，但一般需要更长的时间才能到达。

部分学者针对问答社区信息质量评价方法进行改进，提高答案质量评价的准确性和有效性。用户答案质量评价方法改进是将信息质量评价看做成为分类问题，改进分类算法从而提高精准性和召回率。例如，Jeon 等[②] 提出基于非文本特征的问答社区答案质量预测方法，实证发现比基于基础特征的问答社区答案质量预测具有显著的改进。Shah 和 Pomerantz[③] 以雅虎回答为例，采用人工标注评价给定问题的每个答案的质量。通过提取问题、答案和用户的各种特征来进一步研究，并训练了一些分类器，用这些特征选择最佳答案。也有部分学者针对问答社区的问题质量进行评价和预测，提出问题质量过滤和预测方法。例如，Li 等[④] 研究发现，问题的质量差异是提问者和主题相互作用的结果，提出基于标签传播相互强化（MRLP）算法来预测问题质量。Toba 等[⑤] 为了兼顾效率和准确性，提出运用混合层次结构分类器对问题质量进行建模，使用问题分析中的信息来预测回答特征并训练基于类型的质量分类器。

（2）社会化问答社区用户生成内容的数据挖掘技术与方法方面研究。社会化问答社区用户生成内容的数据挖掘技术方法方面研究主要是针对用户生成内容（问题、答案、评论等内容）的匹配、推荐、内容抽取、聚类、分类、预测、知识发现、可视化呈现等方面的技术方法提出和改进优化，以及社会化问答社区信息系统平台的开发和设计等方面。

1）在对于问答社区问题的挖掘研究主要开展针对问题检索、推荐等方面研究。例如，Zhou 等[⑥] 为快速有效地寻找有趣问题，张贴问题与潜在答

---

① Chua A Y K, Banerjee S. So Fast So Good: An Analysis of Answer Quality and Answer Speed in Community Question-Answering Sites [J]. Journal of the Association for Information Science and Technology, 2013, 64 (10): 2058-2068.

② Jeon J, Croft W B, Lee J H, et al. A Framework to Predict the Quality of Answers with Non-textual Features [C] // Proceedings of the 29th Annual International ACM SIGIR Conference on Research and Development in Information Retrieval. ACM, 2006: 228-235.

③ Shah C, Pomerantz J. Evaluating and Predicting Answer Quality in Community QA [C] //Proceedings of the 33rd International ACM SIGIR Conference on Research and Development in Information Retrieval. ACM, 2010: 411-418.

④ Li B, Jin T, Lyu M R, et al. Analyzing and Predicting Question Quality in Community Question Answering Services [C] // Proceedings of the 21st International Conference on World Wide Web. ACM, 2012: 775-782.

⑤ Toba H, Ming Z Y, Adriani M, et al. Discovering High Quality Answers in Community Question Qnswering Archives Using a Hierarchy of Classifiers [J]. Information Sciences, 2014, 261: 101-115.

⑥ Zhou T C, Lyu M R, King I. A Classification-based Approach to Question Routing in Community Question Answering [C] //Proceedings of the 21st International Conference on World Wide Web. ACM, 2012: 783-790.

案之间的关系，基于各种局部和全局特征，捕捉了问题、用户及其关系的不同方面提出一种新的问题路由方法。Zhang 等 [1] 对社会化问答社区高质量问题的检索方法开展研究，提出有监督的问答主题建模方法和基于主题的语言模型，通过利用雅虎问答和百度知道的数据验证模型的有效性和先进性。Jeon 等 [2] 在研究面向 FAQ 问答语料的问句检索和答案挖掘过程中在基于语言模型的检索方法中加入了词语之间的互译信息，从而提升相似问题检索的准确率。

2）问答社区用户生成答案文本的聚类、分类、预测、社会网络分析等挖掘技术方法等研究方面。学者主要是对答案文本的质量预测、最佳答案发现、答案文本组织和挖掘分析等方法开展研究。例如，Shah 等 [3] 使用逻辑回归模型将常见的非文本特征融合用于评价答案质量，并使用相对专业的人工标注语料对模型的预测能力评测。Surdeanu 等 [4] 认为，文本分析对于提高 CQA 问答资源挖掘具有重要意义，其研究中将文本相似性特征、机器翻译特征、问题与答案的词语同现频度特征以及以网络检索和查询日志为补充的特征等，整合到了基于感知机（Perceptron）的答案排序模型中，通过采集数据实验分析发现特征对提高最佳答案挖掘准确率具有一定的作用。Hong 和 Pavison [5] 等基于经典的分类思想对问答社区话题中包含答案的帖子识别研究，在模型训练过程中引入了文本特征和非文本特征组成的混合特征集，研究发现非内容特性在提高整体性能方面起着关键作用，答案文本特征对于答案识别具有重要意义。

3）问答社区用户生成答案的文本融合、知识发现等方面。当前对于问答社区用户生成答案文本信息融合、知识发现是新兴的研究问题。答案文本融合的目的是去除单一答案文本的片面性和约束性，全面概括和总结所有答案内容。大部分研究是借助原来信息融合、文档摘要自动生成的方法开展答案文本

① Zhang K，Wu W，Wu H，et al. Question Retrieval with High Quality Answers in Community Question Answering ［C］// Proceedings of the 23rd ACM International Conference on Conference on Information and Knowledge Management. ACM，2014：371–380.

② Jeon J，Croft W B，Lee J H. Finding Similar Questions in Large Question and Answer Archives ［C］//Proceedings of the 14th ACM International Conference on Information and Knowledge Management. ACM，2005：84–90.

③ Cooper W S，Gey F C，Dabney D P. Probabilistic Retrieval Based on Staged Logistic Regression ［C］//Proceedings of the 15th Annual International ACM SIGIR Conference on Research and Development in Information Retrieval. ACM，1992：198–210.

④ Surdeanu M，Ciaramita M，Zaragoza H. Learning to Rank Answers on Large Online QA Collections ［C］//ACL.2008，8：719–727.

⑤ Hong L，Davison B D. A Classification–based Approach to Question Answering in Discussion boards ［C］//Proceedings of the 32nd International ACM SIGIR Conference on Research and Development in Information Retrieval. ACM，2009：171–178.

摘要融合。面向问答社区用户生成答案的文本摘要生成最早是由 Liu 等提出，并提出针对不同问题的答案摘要算法[①]。在后续的研究中，Tomasoni 和 Huang[②]认为答案文本为短文本，提出使用比句子粒度更小的概念元素对答案内容概括和融合。Liu[③]等提出了使用多文档自动文摘技术进行社区问答系统答案文摘的方法，首先对答案进行聚类并在每个聚类簇中提取名词短语，其次计算名词短语与聚簇的相关度，根据最高相关度名词短语从每个簇中选取关键答案，最后排序关键答案得到答案文摘。也有部分学者对于答案文本融合和摘要的关键技术方面，针对不同类型的问题设计摘要算法。例如，He 和 Dai[④]针对 Yes/No 类型的问题设计了答案文本摘要。Tao 等[⑤]提出了一种中文问答社区中列表型和方法型问题的摘要方法。

二、社会化媒体知识聚合及服务的国内外研究现状

鉴于当前专门针对社会化问答社区的知识聚合及服务的研究比较有限，本书扩大了文献调研的范围，即从社会化媒体知识聚合及服务研究文献中分析涉及的主要研究内容和方法，重点对近年来发表的文献进行梳理。社会化媒体是由"Social media"一词翻译而来，是指建立在 Web2.0 的思维和技术基础之上，允许创造和交换 UGC（用户生成内容）的基于互联网的应用[⑥]，常见的社会化媒体有微信、微博、博客、虚拟社区、社交网站、问答社区等。当前国内外对于社会化媒体知识组织和管理的研究较多，其中有关于社会化媒体知识聚合及服务的研究主要体现在知识聚合及服务的技术方法、知识聚合服务模式、知识聚合服务系统平台搭建、知识聚合服务实践应用等方面。

1. 国内社会化媒体知识聚合及服务的研究现状

国内图情领域借鉴有机化学领域的聚合概念，认为知识聚合是指利用知识组织的相关技术实现知识元的融聚并产生新的知识元，是为了对知识

①③ Liu Y, Li S, Cao Y, et al. Understanding and Summarizing Answers in Community-based Question Answering Services [C] // Proceedings of the 22nd International Conference on Computational Linguistics-Volume 1. Association for Computational Linguistics, 2008: 497–504.

② Tomasoni M, Huang M. Metadata-aware Measures for Answer Summarization in Community Question Answering [C] // Proceedings of the 48th Annual Meeting of the Association for Computational Linguistics. Association for Computational Linguistics, 2010: 760–769.

④ He J, Dai D. Summarization of Yes/No Questions Using a Feature Function Model [C] //Asian Conference on Machine Learning.2011: 351–366.

⑤ Tao H, Hao Y, Zhu X. Answer Generating Methods for Community Question and Answering Portals [M] //Natural Language Processing and Chinese Computing. Springer, Berlin, Heidelberg, 2012: 249–259.

⑥ Kaplan A M, Haenlein M. Users of the World, Unite!The Challenges and Opportunities of Social Media [J]. Business horizons, 2010, 53（1）: 59–68.

内容进行深入挖掘内在关联，以开展深入的、更好的知识服务而产生。其不同于传统信息组织与物理上的资源整合，而是强调运用知识单元之间的关联形成知识体系。社会化媒体知识聚合及服务遵循从馆藏资源聚合→学术型社区知识聚合→社会化媒体知识聚合，从资源聚合到信息聚合，再到知识聚合的研究发展路径。最初国内知识聚合研究以馆藏数字文献资源为主要聚合对象，且国内图书情报领域有关馆藏资源聚合的研究项目和研究成果也较多。随着社会化媒体逐渐成为人们获取、交流和传播知识的重要平台，有待开展更深层次的知识组织和服务，社会化媒体知识聚合及服务应运而生。

当前国内对于社会化媒体知识聚合的研究处于起步阶段，发表的研究成果相对较少，其研究还主要是以学术型社区数字资源知识聚合为主。赵芳[①]分析了网络社区中学术资源的获取需求和聚合层次，提出了基于关联数据的网络社区学术资源聚合模式。商宪丽等[②]提出了基于标签共现的学术博客知识资源聚合框架，利用标签贡献网络进行学术博客知识资源聚合。张素芳[③]基于社会网络理论、复杂网络理论、关联挖掘理论等开展对网络社区学术资源关联模型和机制的研究。刘静春和陈丽云[④]论述了大数据环境下网络社区学术资源深度挖掘与聚合的方法，提出了网络社区面向用户的学术资源推送服务模式。胡媛和胡昌平[⑤]针对图书馆网络社区知识聚合开展研究，分析高校数字图书馆社区用户知识聚合推送服务需求，以武汉大学图书馆为例，构建了数字图书馆社区知识推送服务平台，提出应主要从社区知识聚合中的知识导航服务和面向科研协作的知识服务推送两方面进行服务的组织与拓展。张建红[⑥]分析了基于语义关联的海量数字资源的知识聚合方法，以及数字图书馆数字资源知识聚合模型的构建，研究了基于语义关联知识聚合的数字图书馆创新服务策略。张洋和谢卓力[⑦]选择了有代表性的传统网络数据库、网络学术博客、网络学术论坛等信息平台为数据来源，采用共现分析方法构建基于不同信息源的知识图谱，包括单源、无权多源聚合、含权多源聚合、限定作者群的多源聚合等，研究发现基

① 赵芳.基于关联数据的网络社区学术资源聚合模式研究［J］.图书馆学研究，2016（10）：49-52，101.

② 商宪丽，王学东，张煜轩.基于标签共现的学术博客知识资源聚合研究［J］.情报科学，2016，34（5）：125-129.

③ 张素芳.网络社区学术资源关联研究［D］.南开大学，2012.

④ 刘静春，陈丽云.大数据环境下网络社区学术资源的深度挖掘与推送服务研究［J］.河南图书馆学刊，2016，36（9）：114-116.

⑤ 胡媛，胡昌平.基于知识聚合的数字图书馆社区推送服务组织——以武汉大学数字图书馆社区为例［J］.国家图书馆学刊，2016，25（2）：66-76.

⑥ 张建红.基于语义关联的海量数字资源知识聚合与服务研究［J］.图书馆工作与研究，2016（8）：44-47.

⑦ 张洋，谢卓力.基于多源网络学术信息聚合的知识图谱构建研究［J］.图书情报工作，2014，58（22）：84-94.

于多源学术信息聚合的知识图谱能更好地反映知识类别的界限，知识构成更为紧密。

最初对于 Web2.0 或 Web3.0 环境下社会化媒体信息聚合的研究较多，分析社会化媒体信息聚合的关键技术、机制和知识聚合模式等。胡海波[1] 分析了 Web3.0 环境下基于用户兴趣的信息聚合服务的特征，构建了 Web3.0 环境下基于用户兴趣偏好的信息聚合服务模型。熊回香等[2] 分析了个性化信息聚合现状，解释了 Web3.0 的个性化信息聚合的必要性，并进一步剖析了基于 Web3.0 的个性化信息聚合的关键技术。王清和唐伶俐[3] 分析了网络环境下信息聚合服务的版权问题。严平勇[4] 基于关键词抽取技术探索微博灾害信息聚合方法，同时结合实验室采集微博语料对聚合方法进行评价。王瑞雪[5] 对 Web3.0 时代移动互联网商务评价信息聚合进行研究，采用 Mash up 技术进行系统的规划与构建。赵屹和陈晓晖[6] 提出了基于 RSS 类通用工具的聚合，基于档案信息专业工具的聚合，基于新媒体形式的聚合，基于关联数据的聚合，基于 Web3.0 的聚合与基于云服务的聚合等新媒体环境下的档案信息聚合服务模式。李枫林和魏蕾如[7] 分析了社会化媒体用户行为的信息聚合机制，总结出主题聚合、评价聚合和功能聚合三种社会化用户信息行为的聚合机制。

后期随着信息聚合技术和手段的发展以及用户需求由信息需求向知识需求发展，出现了社会化媒体知识聚合方面的研究。研究逐渐由社会化媒体信息聚合过渡到普通社会化媒体知识聚合及服务方面的研究。采用语义增强、关联数据、社会网络、标签等方法探讨社会化媒体知识聚合的方法和手段。例如，在基于元数据层面的知识聚合方面，曹树金[8] 等总结了内容聚合元数据 RSS 和 ATOM 的元数据规范，探究了 Web2.0 内容聚合元数据的框架模式。在基于关联数据的知识聚合方面，贯军等[9] 认为，关联数据的发展为知识聚合提供了强有力的方法，实现了从知识聚合到知识发现的拓展。胡昌平等[10] 结合社会化的

① 胡海波. Web3.0 环境下基于用户兴趣的信息聚合服务 [J]. 情报理论与实践，2014，37（8）：117–121.
② 熊回香，陈姗，许颖颖. 基于 Web3.0 的个性化信息聚合技术研究 [J]. 情报理论与实践，2011，34（8）：95–99.
③ 王清，唐伶俐. 刍议网络信息聚合服务的版权问题 [J]. 出版发行研究，2015（1）：74–77.
④ 严平勇. 基于微博的灾害信息聚合方法研究 [D]. 福建师范大学，2013.
⑤ 王瑞雪. Web3.0 时代移动互联网商务评价信息聚合 [J]. 电子制作，2013（6）：161–162.
⑥ 赵屹，陈晓晖. 刍议新媒体环境下的档案信息聚合服务 [J]. 档案与建设，2017（1）：8–11，15.
⑦ 李枫林，魏蕾如. 社会化媒体用户行为的信息聚合机制研究 [J]. 图书馆学研究，2017（5）：52–57.
⑧ 曹树金，马翠嫦. 信息聚合概念的构成与聚合模式研究 [J]. 中国图书馆学报，2016，42（3）：4–19.
⑨ 贯军，毕强，赵夷平. 基于关联数据的知识聚合与发现研究进展 [J]. 情报资料工作，2015（3）：15–21.
⑩ 胡昌平，胡吉明，邓胜利. 基于社会化群体作用的信息聚合服务 [J]. 中国图书馆学报，2010，36（3）：51–56.

群体作用构建了基于社会化群体作用的信息推荐聚合服务模型。毕强等[1]选取了豆瓣网的图书标签，借助社会网络分析方法和主题词表等相关工具和技术，挖掘标签间的潜在共现关联关系，明晰标签语义和层级关系，在广度和深度方向实现标签资源聚合。吕琳露和李亚婷[2]针对游记文本进行知识发现与聚合，实现杭州旅游景点及路线推荐，并得到杭州旅游景点特色及体验知识的聚合结果。汤明伟[3]对网络环境下知识聚合——分享平台的建设开展研究，从体系结构和关键技术上提出了基于P2P流媒体服务器网络教育资源分享平台的解决方案。

2. 国外社会化媒体知识聚合及服务的研究现状

国外对于数字资源知识聚合的研究早于国内，并已经广泛地应用到各个学科领域，多集中在计算机、数学、生物科学及医学等应用研究领域，其实践研究重于理论研究，各领域的应用成果颇为丰富。其主要体现于社会化媒体知识聚合的技术方法、实践组织应用等方面。

（1）社会化问答社区知识聚合理论及技术方法研究。国外最早开始于馆藏学术数字资源知识聚合理论和技术方法研究，馆藏学术数字资源的知识聚合理论方面研究主要有多源异构馆藏资源的整合、语义互联、数字图书馆的标准制定与框架构建等。对于馆藏数字资源的知识聚合方法方面研究，国外目前沿用最多的仍然是传统的文献聚类方法开展学术数字资源知识聚合及服务研究。同时，国外学者更加注重基于语义标注、本体、关联数据、元数据、可视化等技术方法在数字图书馆各学科领域知识聚合的应用。例如，Brad[4]等利用2D和3D信息化可视化技术进行数字图书馆资源的聚合与建设，方便用户快捷地操作、检索和浏览资源，同时支持多源馆藏资源的展示与导航。但是，随着互联网技术和社交媒体的发展，国外有关于学术数字资源知识聚合及服务的研究也逐渐转向网络学术社区的知识聚合及服务方向，探讨和分析网络社区知识聚合方法和技术手段，重视知识聚合方法和技术的实践和应用研究。

近年来，随着大数据挖掘技术、云计算、语义网等技术发展，大数据环境下海量的、动态的网络学术资源知识聚合也悄然发展，面向用户行为、知识需求的学术数字资源知识聚合聚合方法和手段不断地更新和完善，例如，

---

① 毕强，赵夷平，孙中秋.社会化标注系统资源聚合的实证分析［J］.情报资料工作，2015（5）：30-37.

② 吕琳露，李亚婷.游记文本中的知识发现与聚合——以蚂蜂窝旅行网杭州游记为例［J］.情报杂志，2017，36（7）：176-181，110.

③ 汤明伟.网络环境下知识聚合——分享平台建设［D］.江南大学，2009.

④ Brad E. Practical Applications of 2D and 3D Information Visualization for Information Organizations［J］. Library Technology Reports，2005，41（1）：55-64.

Martinez-Romo 等 [1] 基于 SemGraph 无监督的算法，根据词汇的共现关系及在 WordNet 中的关联进行网络用户生成学术数字资源知识聚合。Mu 等 [2] 提出了一种新的聚合方法 CEDL，以提高学术社区知识聚合的效果。

随着信息技术和互联网技术的发展，社会化媒体知识聚合的方法和手段也不断的进行创新和改善。大多数研究采用基于用户标签、主题聚类、关联数据、本体、分众分类、社会网络分析等技术方法开展社会化媒体的知识聚合及服务，探讨和分析知识聚合方法和技术手段，重视实践和应用研究。例如，Huang 等 [3] 提出了一种整合多种数字资源的策略，探索利用云计算技术实现资源存储、异构数据集成、资源管理等关键问题。Anderlik 等 [4] 利用本体作为语义维度对数据仓库进行概念级聚合。Chakraborty 等 [5] 通过社会标签和大众分类法的应用实现知识推荐系统中知识信息的语义聚合。Prat [6] 利用产生式规则表示语言技术对具有复杂结构和高度语义相关的知识进行聚合研究。Song 等 [7] 以词在标题中的共现关系发现事物间的隐性知识关联基础上，根据学术文本信息构建了 SemPathFinder 系统，以找到领域知识间的语义路径和关联关系。

（2）社会化媒体知识聚合的实践与组织应用方面。社会化媒体知识聚合被广泛应用到智慧城市、计算科学、医学、生物科学、数字档案等领域成为近年来的研究趋势。Stephens 等 [8] 利用 RDF 数据模型进行生物医学数据的聚合。Portmann 等 [9] 将模糊认知图（FCM）作为 Web 知识聚合、表示和推理的

① Martinez-Romo J, Araujo L, Duque Fernandez A. SemGraph: Extracting Keyphrases Following a Novel Semantic Graph-based Approach [J]. Journal of the Association for Information Science and Technology, 2016, 67 (1): 71-82.

② Mu T, Goulermas J Y, Korkontzelos I, et al. Descriptive Document Clustering via Discriminant Learning in a Co-embedded Space of Multilevel Similarities [J]. Journal of the Association for Information Science and Technology, 2016, 67 (1): 106-133.

③ Huang X Z, Wen D, Zhang M, et al. Sirt1 Activation Ameliorates Renal Fibrosis by Inhibiting the TGF-β/Smad3 Pathway [J]. Journal of Cellular Biochemistry, 2014, 115 (5): 996-1005.

④ Anderlik S, Neumayr B, Schrefl M. Using Domain Ontologies as Semantic Dimensions in Data Warehouses [C] // International Conference on Conceptual Modeling. Springer, Berlin, Heidelberg, 2012: 88-101.

⑤ Chakraborty P, Ray S, Mahanti A. Use of Tags in Recommender Systems: A Survey [J]. Calcutta: IIMC, 2010.

⑥ Prat N, Comyn-Wattiau I, Akoka J. Combining Objects with Rules to Represent Aggregation Knowledge in data Warehouse and OLAP Systems [J]. Data & Knowledge Engineering, 2011, 70 (8): 732-752.

⑦ Song M, Heo G E, Ding Y. SemPathFinder: Semantic Path Analysis for Discovering Publicly Unknown Knowledge [J]. Journal of informetrics, 2015, 9 (4): 686-703.

⑧ Stephens S, LaVigna D, DiLascio M, et al. Aggregation of Bioinformatics Data Using Semantic Web Technology [J]. Web Semantics: Science, Services and Agents on the World Wide Web, 2006, 4 (3): 216-221.

⑨ Portmann E, Pedrycz W. Fuzzy Web Knowledge Aggregation, Representation, and Reasoning for Online Privacy and Reputation Management [M] //Fuzzy Cognitive Maps for Applied Sciences and Engineering. Springer Berlin Heidelberg, 2014: 89-105.

工具，用于在线隐私和声誉的管理。Miotto 等[1] 针对生物数据库的语义异构性和注释不一致性增加元数据的聚集和清理的复杂性的问题。通过应用用户定义的结构规则，从多个文档字段自动提取、聚合和调节元数据值，提出了基于规则的甲型流感病毒大规模蛋白质序列分析的知识聚合方法。Wang 等[2] 探讨了知识聚合方法在人肉搜索中的应用，提出了 HFS 规范化的知识聚集模型。Lin 等[3] 提出了包括系统、内容和社区三个组成要素的"维基协作金三角"模型，将其作为在数字档案工程中的应用知识聚合手段。Kale 和 Vaidya[4] 提出增加云里知识分享来增加关键数据聚合技术水平。Ali[5] 分析了时空空气污染研究中基于聚合的知识发现，提出了一种新的计算方法—支持向量机聚合方法用于时空污染分析。通过知识融合和支持向量机的融合，将从监测到未来的空气质量预测系统地处理空气污染问题。

三、研究现状述评

通过对已有研究成果的梳理，有以下几方面的发现：

（1）国外对于问答社区用户生成内容的研究主要体现在用户生成内容的质量评价标准和方法、挖掘的方法和技术手段、应用实践等方面，比较注重用户生成内容的数据挖掘和组织、应用实践等方面研究，在实践应用方面研究领先于国内。

国内对于社会化问答社区用户生成内容的研究主要体现在质量评价及预测、用户行为的影响因素、生成动机、激励机制、传播交流和组织管理等方面。存在少量对于用户生成内容（答案、问题、评论）的知识组织、答案摘要生成、问题检索推荐、知识发现等方面研究。但是已有的研究对于社会化问答社区知识挖掘和聚合组织方面的研究较少。用户生成答案文本挖掘和组织方法研究方面主要是对于答案文本质量预测和排序，最佳答案筛选、答案摘要生成等方面的方法研究，缺乏对于用户生成内容深入挖掘和聚合组织等技术方法研究。另外，当前对于用户生成答案质量评价还没有形成统一标准的质量评价指

[1] Miotto O，Tan T W，Brusic V. Rule-based Knowledge Aggregation for Large-scale Protein Sequence Analysis of Influenza A Viruses［J］. BMC Bioinformatics，2008，9（1）：S7.

[2] Wang B，Yao Y，Hou B，et al. Knowledge Aggregation in Human Flesh Search［C］//Green Computing and Communications（GreenCom），2010 IEEE/ACM Int'l Conference on & Int'l Conference on Cyber，Physical and Social Computing（CPSCom）. IEEE，2010：825-830.

[3] Lin S C，Chen Y C，Yu C Y. Application of Wiki Collaboration System for Value Adding and Knowledge Aggregation in a Digital Archive Project［J］. Journal of Educational Media & Library Sciences，2006，43（3）.

[4] Kale P， Vaidya M. Enhanced Key Aggregation Technique For Climbable Knowledge Sharing In Cloud［J］.2016.

[5] Ali S. Knowledge Discovery via SVM Aggregation for Spatio-temporal Air Pollution Analysis［C］//Proceedings of International Conference on Computational Intelligence and Data Engineering. Springer，Singapore，2018：181-189.

标体系，答案质量评价方法还有待优化和改进。更是几乎没有研究从知识聚合角度，借鉴知识聚合理念与方法对社会化问答社区知识资源进行深入挖掘，以及整合组织和序化，提出相应的知识服务模式。

（2）社会化媒体知识聚合及服务方面研究。国外对于社会化媒体知识资源聚合及服务的研究早于国内，并已经广泛应用到各个学科领域，多集中在计算机、生物科学，以及医学等应用研究领域，其实践研究重于理论研究。各领域的应用成果颇为丰富，其主要体现于社会化媒体知识聚合的技术方法、实践组织应用等方面。近年来，随着大数据挖掘技术、云计算、语义网、人工智能等技术发展，社会化媒体知识聚合的方法和手段也在不断地创新和改善。大多数研究采用基于用户标签、主题聚类、关联数据、本体、分众分类、社会网络分析等技术方法开展社会化媒体的知识聚合及服务，探讨和分析知识聚合方法和技术手段，重视实践和应用研究。智慧城市、计算科学、医学、生物科学、数字档案等领域的知识聚合研究近年来成为研究趋势。

当前，国内关于社会化媒体知识聚合及服务方面的研究和应用更多地集中在数字图书馆、学术虚拟社区等领域的知识聚合方法、模式及聚合服务的实践组织等方面，而对于网络社区、社交媒体等类型的知识聚合还处于研究的起步阶段，发表的研究成果相对较少。知识聚合及服务研究大致呈现由学术文献资源知识聚合向社会化媒体知识聚合发展；由同源结构化文本知识聚合向多源非结构化短文本为主的知识聚合发展；由基于知识外部特征知识聚合向基于深层次语义层面知识聚合及服务方向发展趋势。除了运用已有的信息聚合、学术数字资源知识聚合等方面知识聚合方法外，还随着大数据挖掘、人工智能和语义网技术发展而不断进步，应用语义增强、关联数据、社会网络、标签等方法探讨社会化媒体的知识聚合方法和手段。

由于社会化问答社区为近年来新兴的社会化媒体，具有开放性、互动性、多元化、用户参与内容生成等特点，其知识资源以用户生成内容（UGC）为主，来源较为广泛，知识点较为分散和零碎，且大多数的答案文本较短，缺乏严谨和结构化的属性信息。原有的基于用户标签、叙词表、本体、链接分析、社会化网络等知识聚合技术方法对于社会化问答社区知识聚合存在一定的不适用性，使原有的馆藏学术数字资源领域知识聚合理论和方法在社会化问答社区领域不能直接应用。另外，当前对于社会化问答社区用户生成答案质量评价、知识聚合及服务的研究还不够成熟，缺乏系统性和成熟性的研究成果。而且随着大数据和移动互联网时代的到来，用户知识需求也发生了很大变化，当前社会化问答社区知识服务模式难以满足用户需求，社会化问答社区需要创新和改革知识服务内容和方式。知识聚合理论和理念的引入能够为社会化问答社区知识服务提供了新的视角和思路，解决当前社会化问答社区面临的问题。

鉴于此，本书拟借鉴已有的知识聚合理论与方法，智能信息处理、大数据挖掘、知识可视化等技术手段和方法，构建基于知识聚合的社会化问答社区知识服务体系，拟从知识单元特征、知识单元关联关系、句子三个关联维度探讨社会化问答社区知识聚合方法以及相应知识服务模式实现路径，提高社会化问答社区的知识服务能力和质量，为社会化问答社区优化和创新知识服务提供参考依据和理论基础。

第四节　拟解决的关键问题与主要研究内容

一、拟解决的关键问题

通过对研究背景和当前国内外已有研究文献的梳理，提出以下几个拟解决的关键问题：

（1）解析社会化问答社区用户知识需求及其动态演化过程，为社会化问答社区面向用户需求开展答案质量评价、知识聚合及服务提供理论基础和参考依据。

（2）针对社会化问答社区答案质量参差不齐、缺乏规范统一的评价指标体系和自动化评价方法等问题，通过文献调研和实证分析构建社会化问答社区答案质量评价指标体系，设计合理的自动化评价方法，实现答案质量的自动化评价和筛选，为后续答案知识聚合及服务提供高质量的数据资源，保障知识聚合及服务的质量和可信度。

（3）借鉴智能信息处理、大数据挖掘、知识组织等方法，分别从知识单元、知识单元之间关联、句子层面设计社会化问答社区知识聚合方法，并构建基于知识聚合的社会化问答社区知识服务模式，为社会化问答社区基于知识聚合开展知识服务提供技术方法支持，提高知识服务的质量和能力。

二、主要研究内容

本书针对社会化问答社区知识聚合及服务进行研究，主要研究内容和章节安排如下：

第一章，绪论。介绍了本书的选题背景和意义，分析和评述了当前国内外相关研究现状，提出了本书拟解决的关键问题、研究方法、技术路线，以及主要创新点。

第二章，相关概念及理论基础。针对本书的核心概念及相关理论进行阐述和分析，奠定本书研究的理论基础。

第三章，社会化问答社区用户知识需求分析及建模。分析社会化问答社区用户知识需求形成原因、层次、以及动态演化过程和规律。为后续第五章面向用户需求的答案质量评价，第六、七、八章知识聚合服务提供理论基础。

第四章，用户需求驱动下社会化问答社区知识聚合服务机理。阐述社会化问答社区知识聚合的概念、目标和原则。通过分析基于知识聚合的社会化问答社区知识服务要素、动力、过程及服务模式，构建基于知识聚合的社会化问答社区知识服务体系框架。该章概述了后续第五章至第八章的研究主线和逻辑关系，构建了全书的逻辑框架和行文思路。

第五章，面向用户需求的社会化问答社区用户生成答案质量评价。首先，采用文献分析和综述方法初步筛选答案质量评价指标，运用专家咨询和实证分析方法构建了答案质量自动化评价指标体系，设计了基于GA-BP神经网络的答案质量评价方法，并采集数据进行应用分析。本章作为知识聚合及服务关键步骤，实现对答案质量判断和筛选，为后续知识聚合及服务提供高质量数据，保障知识服务的质量和可信度。

第六章，基于标签聚类的社会化问答社区答案知识聚合及创新服务。本章提出了答案标签自动化生成方法，以及基于DPCA算法的答案知识聚合方法，构建了基于答案标签聚类的社会化问答社区知识导航服务模式，并采集携程问答数据进行应用研究。

第七章，基于答案摘要生成的社会化问答社区知识聚合及创新服务。首先，介绍了答案知识关联聚合的概念及意义，其次设计了基于改进Apriori算法的答案关联知识聚合方法，最后基于答案关联知识聚合提出了社会化问答社区知识推荐服务模式，并采集知乎网站数据进行应用研究。

第八章，提升社会化问答社区知识聚合及服务能力的策略。分别从知识服务主体、用户、知识服务技术和知识服务环境等知识服务要素出发提出了相应的对策建议。

第九章，研究结论与展望。总结全书的主要结论，分析本书研究存在的局限及未来的研究趋势。

第五节　研究方法与技术路线

本书研究过程中按照定性分析和定量分析相结合、理论研究与应用研究相结合、模型构建与实证检验相结合的方式展开，采用的主要研究方法如下：

（1）文献调研法。文献调研法主要是用于全面调研和分析社会化问答社区、知识聚合及服务有关的文献资料，梳理和总结当前社会化问答社区知识聚合及服务的研究现状，把握社会化问答社区用户生成内容、知识聚合及服务方面的主要研究进展、热点和趋势，提出本书研究的问题和视角。另外，通过文献调研法梳理和阐述了知识服务、信息质量、知识聚合、短文本处理等与本书研究相关概念与理论，对国内外知识聚合、知识组织、大数据挖掘、语义网等相关技术方法研究进行文献调研，为本书提供方法和理论依据。

（2）问卷调查法。问卷调查法主要是运用调查问卷获取调查对象意见观点或了解研究对象情况。本书在构建社会化问答社区用户生成答案质量评价指标体系时，设计相关问卷通过网络和线下发放形式获取数据，运用结构方程模型实证分析选取评价指标合理性和有效性。

（3）实例分析法。本书以"知乎""携程问答"为具体应用研究对象，验证本书提出的答案知识聚合方法及构建知识聚合服务模式的有效性和合理性，对比分析知识聚合方法的优缺点，为相应的应用分析对象开展知识服务提供借鉴和参考。

（4）文本挖掘法。采用文本表示、数据挖掘算法、知识组织等理论和方法进行社会化问答社区答案知识采集、预处理、知识表达、挖掘和可视化表达，提出社会化问答社区答案知识聚合方法，并采集数据验证了方法的有效性和合理性，主要应用 Python 语言和 Matlab 实现答案知识聚合的相关算法。

本书整体研究思路和技术路线，如图 1-1 所示。

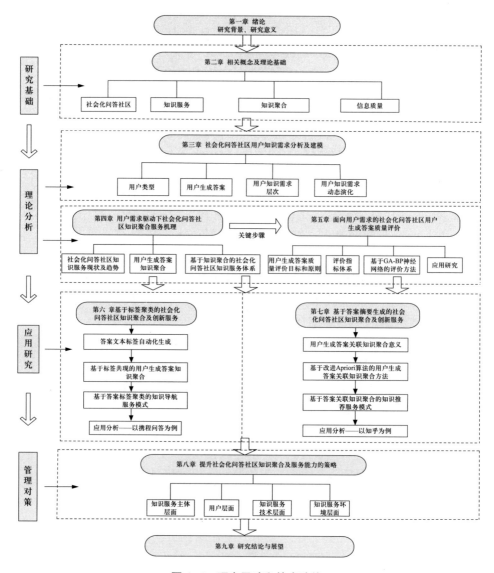

图 1-1　研究思路和技术路线

第六节　本书主要创新点

本书创新点主要体现在以下三个方面：

（1）提出了面向用户需求基于知识聚合的社会化问答社区知识服务体系框架。本书基于社会化问答社区的知识服务现状、用户知识需求动态变化分析，将知识聚合理论与方法引入社会化问答社区知识服务，提出了基于知识聚合的社会化问答社区知识服务体系，分析了基于知识聚合的社会化问答社区知识服务优势和可行性、要素组成、动力以及方式过程，构建了基于知识聚合的社会化问答社区知识服务体系框架，分为资源层、处理层、聚合层、服务层以及服务接口层五个层级。为创新和优化社会化问答社区知识服务内容和方式提供了新的视角和思路。

（2）构建了社会化问答社区答案质量评价指标体系，设计了基于GA–BP神经网络的答案质量自动化评价方法。针对答案质量评价指标体系还未形成统一，全面且权威的评价指标体系问题。本书通过文献综述和专家咨询初步筛选了答案质量评价指标，运用发放调查问卷获取数据，实证分析了评价指标体系的科学性和合理性，构建了包括文本特征、回答者特征、时效性、用户特征和社会情感特征5个维度，16个指标的评价指标体系，为社会化问答社区答案质量评价提供了依据。然后借鉴人工神经网络方法，提出了基于遗传算法优化BP神经网络的答案质量评价方法，并通过采集数据验证了评价指标体系和评价方法的有效性和合理性。

（3）分别从知识单元、知识单元关联关系、句子三个关联维度提出了用户生成答案知识聚合方法，并分别基于知识聚合方法构建了相应的知识服务模式。首先，设计了答案标签自动化生成方法，提出了基于答案标签聚类的答案知识聚合方法，构建了基于答案标签聚类的社会化问答社区知识导航服务模式；其次，基于改进的Apriori算法设计了答案关联知识聚合方法，构建了基于答案关联知识聚合的社会化问答社区知识推荐服务模式。

相关概念及理论基础

第一节 社会化问答社区概述

一、社会化问答社区的兴起

网络问答服务基于将人脑中的隐性知识转化成为显性知识的根本理念，随着互联网的快速发展，经历了由数字参考咨询、专家咨询、搜索引擎问答社区、社会化问答社区等发展阶段。世界上出现最早的问答社区是 2002 年韩国上线的"Naver 知识人"社区，它将问答社区和搜索引擎融为一体，成为世界上成立最早的问答社区。随后美国上线推出了 Answerbag 和 Yahoo Answer，其中 Yahoo Answer 是美国最大的问答社区。国内最早出现的问答社区是 2004 年由新浪推出的"爱问知识人"栏目，随后相继出现了百度知道、SOSO 问问、天涯问答等多个问答社区，其中百度知道已发展成为全球最大的互动问答类社区。传统网络问答社区是基于互联网平台，以用户提出问题、回答问题为主的知识服务社区，通过用户提出问题，等待其他热心网友或者平台组织的专家来回答，以向用户提供答案为目的。

传统的问答社区主要分为论坛型问答社区和搜索引擎型问答社区，问答论坛型问答社区最早是以 BBS 的形式出现，用户在虚拟社区中基于不同的话题展开讨论，分享和交流知识。然而论坛型问答社区中用户信息获取和搜寻的效率较低，存在用户使用成本较高的缺点。搜索引擎型问答社区是基于搜索引擎而诞生的问答社区，通过用户提出问题、其他用户回答问题生成知识，并由提问者来选取最佳答案，从而实现知识的传递和共享。搜索型问答社区提高了用户知识获取的效率，使提问者可以提出更加准确和清晰的问题，增加了用户之间的交互性，对于问题的回答能够得到不同回答者的反馈以及修正，同时也增加了问题和答案的重用率，当其他用户遇到相似或相同问题，社区可以直接利用已有知识解答。但是随着搜索引擎型问答社区的知识爆炸式增长，内容琐碎、冗余、可信度低、缺乏广泛价值和专业性的问题凸显。知识过载增加了用户知识获取和利用的成本，难以满足用户精准化、个性化的知识需求。如何快速有效获取高质量的答案知识成为搜索引擎型问答社区亟须解决的问题。

近年来，随着 Web2.0 和社交媒体技术的发展，以社区、用户关系、内容运营为基础的社交问答平台逐渐兴起。社交问答社区将"社会化"和"社交"理念引入问答社区，将问答和社交结合起来，以良好的社区氛围吸引相关领域的专业学者参与问答，因而能够产生高质量的知识资源。对于新出现的社交化的问答社区，学术界对其拥有多种多样的表述。诸如在线问答社区、知识问答社区、问答类虚拟社区、社会化问答网站/平台、社交问答网站、社会化问答网站等，没有形成统一的术语。本书认为，新的社交类问答社区具有社会化媒体的社会化特征，同时也具备了问答社区的基本特征。因此，本书将这一类网络问答社区统称为"社会化问答社区"，是以知乎等为代表的新型社会化问答社区，后续章节如果不加说明，出现的所有问答社区均指社会化问答社区。

二、社会化问答社区的概念界定

当前学术界对于社会化问答社区没有形成统一的概念界定，比较具有代表性的定义如下：

国外方面，Rich Ganzan[①] 认为，社会化问答社区就是一个简单的可以提问、回答并且对问题可以相互沟通和交流的一个平台。Shah 等[②] 认为，社会化问答社区包含以下几个方面特征：用户可以将其信息需求表达为用自然语言描述的问题，而非检索式的关键词或短语；其他用户可以通过平台提供问题的解决方案；基于这项服务和参与服务的用户所形成的社区和社会网络称为社会化问答社区。

国内方面，也有部分学者界定社会化问答社区概念。李木子[③] 认为，社会化问答社区（SQAC）是基于网络平台，以用户提问、问答、讨论为主的，实现社交功能的知识共享平台。社会化问答社区有社区定位，聚集相关领域的专业人士为社的忠实用户群体，生成较优质的答案和内容，强调人际互动，旨在营造一个用户社会协作的信息交流环境。廖方舟[④] 认为，社会化问答社区是基于互联网技术所形成的公共社交知识平台，它向用户提供知识答案的同时

① Gazan R. Specialists and Synthesists in a Question Answering Community [J]. Proceedings of the Association for Information Science and Technology, 2006, 43（1）: 1–10.
② Shah C, Oh S, Oh J S. Research Agenda for Social Q&A [J]. Library & Information Science Research, 2009, 31（4）: 205–209.
③ 李木子. 社会化问答社区用户初始参与意愿研究 [D]. 郑州大学, 2017.
④ 廖方舟. 社会化问答社区新闻评论研究 [D]. 四川外国语大学, 2017.

也提供了一个可加入的社会化网络关系网，既延续了传统问答网站和百科的知识性，也使用户间更具交互性，传播的内容更具社会性。李升[1]认为，社会化问答社区是基于社会化网络关系形成的公共知识平台，目的是通过感兴趣的用户、话题和问题更好地发现内容，并重建人与信息的关系。它既延续了百科类网站的专业性和开放编辑的特征，又兼具了问答类网站的交互性，同时增添了社交服务的功能。胡青[2]认为，社会化问答社区是基于社会化网络关系形成的，以特定信息或知识的需求与分享为目的，以问答为主要形式的网络平台。杨志博[3]认为，社会化问答平台是基于社会网络关系，以共享知识和信息为目的，通过问答和对其他用户或话题的关注，实现社交功能的在线公共知识平台。张煜轩[4]认为，社会化问答平台是一种基于社会网络关系的问答服务模式，以互动问答为核心、关系社区为基础，通过人与信息、人与人、信息与信息的多元信息交互构建知识网络，将有价值的人和信息关联起来，为用户寻找更高质量的问题和答案。

通过对已有概念的分析，本书认为，社会化问答社区是对传统问答社区的继承和发展，以满足用户知识需求为出发点，基于社会化网络关系形成的搜寻、共享和传播知识的开放型知识问答服务社区。与传统的问答社区相比，社会化问答社区更加依赖于社会网络关系得到问题和答案，更加重视知识的质量、用户知识交流的社会关系的建立。

如果从内容和形式上对社会化问答社区进行分类，可以分为全功能型问答社区和垂直型问答社区。全功能型的社会化问答社区一般是依附于门户网站或者独立的综合性社区网站，其包括的问题专业类型多种多样，涉及众多的领域和话题，国外比较具有代表性的社会化问答社区有 Quora、Formaping、Aardvark 等。国内比较具有代表性的网站有知乎、悟空问答、略晓网。垂直型社会化问答社区是基于某个领域知识的，专门针对某一个领域或主题知识的讨论和传播，例如，以科普教育为主的果壳问答、医疗方面的寻医问药网、程序开发类的德问、好问好答、企业管理领域的即问即答等。

三、社会化问答社区的特征

社会化问答社区兼具了社交网站和问答社区的特征，与传统的问答社区相对比表现出以下的特征：

① 李升.中文社会化问答社区的发展策略研究［D］.南京师范大学，2015.
② 胡青.社会化问答网站的知识传播研究［D］.辽宁大学，2015.
③ 杨志博.社会化问答网站知识共享影响因素及其交互作用研究［D］.中国科学技术大学，2016.
④ 张煜轩.基于外部线索的社会化问答平台答案信息质量感知研究［D］.华中师范大学，2016.

（1）高质量的问答服务。社会化问答社区创建初期主要是通过邀请制和实名申请制吸纳回答者，首批社区的用户大多是来自各个行业的专家或实践经验丰富的人，高素质的回答者奠定了社会化问答社区答案质量。例如，知乎创建初期采用邀请制方式吸纳了大量的专家和学者入驻，使当前知乎相比较与百度知道等传统问答社区相比答案质量更加专业和权威，提升了用户知识获取的体验。另外，社会化问答社区的问题和答案呈现多样化，由大众协作回答生成答案，回答者之间可以通过深入讨论分析，采用大众投票和严格筛选机制选取最优答案，往往没有意义的问题或答案会被折叠或忽视，使社会化问答社区答案更具有知识性、专业性、延展性和启发性。同时社会化问答社区融合了社交网站的特点，允许其他用户进行完善和评价，通过调动其他用户的积极性实现答案的筛选和质量监控，保证社会化问答社区提供高质量的问答服务。

（2）广泛的互动性和社交性。社会化问答社区作为 Web2.0 时代的产物，将社交关系引入到问答社区，便具有很强的交互性和社交特质。由于问答社区的自身特征，在问答社区提问—回答问题时，提问者和回答者之间便建立起双向知识传播互动关系。用户既可以提问，也可以参与回答、评论、转发答案，为用户提供了一个"百花齐放""百家争鸣"的知识分享平台，用户可以就某一个感兴趣的问题与其他用户开展深入的讨论和互动交流，使用户之间的知识交流沟通无处不在。同时，社会化问答社区用户关注问题、话题时可以扩展社交关系圈，形成以相同问题或话题形式的用户兴趣小组，使相同兴趣或爱好的用户能够更加方便的交流沟通，让社会化问答社区不再是单纯的知识问答服务，更是具有了社交功能。用户之间可以通过关注其他用户、关注某个话题或问题，形成对于答案知识传播，使用户基于信息聚类建立社交关系，形成社会网络关系网，保障了知识传播交流的通畅。

（3）非经济性和知识付费模式结合。大部分的社会化问答社区是以社区形式运行，作为搜索引擎外用户获取知识的主要渠道，提供的大部分知识内容是免费的。用户提出问题、获取问题答案并不需要支付相关费用，答案提供者自愿分享和传播知识，几乎收取不到任何的劳动报酬。所以社会化问答社区仍然具有一定的非经济性。当前随着知识付费模式兴起，部分社会化问答社区逐渐开展了知识付费服务。例如，知乎的值乎、分答社区等，但是仍然处于发展的试验阶段，用户受众面积较小，大部分用户仍然习惯于免费获取答案或服务，非经济性特征仍然是未来一段时间社会化问答社区的典型特征。

（4）知识的有效组织和共享性。社会化问答社区更加注重对于知识有效组织和序化，通过一系列的知识组织方法进行知识的筛选和管理，实现对于问题或答案内容划分。例如，基于主题或话题类别进行知识组织、依据答案回答时间或投票数量实现答案排序等。社会化问答社区运用有效的内容质量评价方法过滤和筛选高效用的答案知识，关闭受到举报的回答或者折叠无用信息，使社会化问答社区知识得到有效管理组织。另外，社会化问答社区运营核心思想是知识共享和知识传播，实际上是实现基于兴趣或人际关系的知识共享和传播，用户可以关注感兴趣的问题或话题，提高知识共享和传播的速度。基于兴趣聚类的用户乐于与有相同兴趣的人分享自己的知识或经验，容易实现知识的共享和传播，使社会化问答社区都具有很强的知识共享性。

第二节　知识聚合的理论及方法

一、知识聚合的概念

"聚合"源于化学术语，是指分散的单体小分子结构通过连接关系聚集形成链状大分子[①]。2011 年开始逐渐引起图书情报领域学者的广泛关注，认为聚合即聚集和融合，指将分布在不同媒介载体上的无序、分散的信息资源，依据其内在关联有机地汇集融合在一起，使之有序化、系统化，从而便于对相关领域进行更深层次的探索与利用[②]。

当前国内知识聚合概念没有形成统一，李亚婷[③]认为知识聚合是基于知识单元的外部及内在特征，将无序的、分散的知识通过一定的组织方法进行凝聚，以发现知识单元间的关联、形成有机的知识体系、提供知识服务的过程。王敬东[④]认为，知识聚合是指先对知识聚类分析，在对知识融合分析，使聚合后的结果内涵更丰富，使其对决策更有意义的过程。贯君等[⑤]认为，知识聚合是通过统计分析、数据挖掘、人工智能等方法对可能存在隐性关联的知识单元凝聚，以提取知识单元间的内在关联为手段，构建多维又相互关联的知识体系。李洁认为知识聚合主要是通过知识的关联和聚类实现的，即对海量分散的信息资源进行筛选挖掘，提取有用的信息凝聚成知识，再将异构知识资源进行协同，达到知识的智能融合[⑥]。通过上述专家学者对于知识聚合的定义可以看出，知识聚合是指综合运用各种统计分析、数据挖掘、人工

① 毕强.数字资源：从整合到聚合的转变 [J].数字图书馆论坛，2014（6）：1.

② 赵雪芹.知识聚合与服务研究现状及未来研究建议 [J].情报理论与实践，2015（2）：132-135.

③ 李亚婷.知识聚合研究述评 [J].图书情报工作，2016，60（21）：128-136.

④ 王敬东.基于知识聚合的数字图书馆信息智能检索模型 [J].图书馆学研究，2014（21）：72-76，71.

⑤ 贯君，毕强，赵夷平.基于关联数据的知识聚合与发现研究进展 [J].情报资料工作，2015（3）：15-21.

⑥ 李洁.基于 SNA 的馆藏数字资源知识聚合可视化研究 [D].吉林大学，2016.

智能等技术手段和知识组织方法，基于知识单元的外部及内在特征，将无序的、分散的知识通过一定的组织方法进行聚集和融合的过程。其目标是发现知识单元间的关联，形成多维多层且相互关联的知识体系，从而为用户提供更具针对性的知识服务。

"知识聚合"的相近概念主要有"资源聚合""信息聚合""知识融合""知识集成"等。信息聚合指将来自多个分散的信息源中的信息内容整合在一起，以便于用户更好地浏览、检索和利用[①]。知识融合是指通过从分布式、异构的网络资源中搜索和抽取相关知识，进行转换、集成和合并等处理，以获得新的知识，从而为某一领域问题求解构造有效的知识资源[②]。知识集成是运用科学的方法对不同来源、不同层次、不同结构、不同内容的知识进行综合和集成，实施结构再建，使单一知识、零散知识、新旧知识、显性知识和隐性知识经过整合提升形成新的知识体系[③]。从概念上可以看出，"资源聚合"和"信息聚合"关注的是物理层面的、结构化的信息组织，不对信息资源要素的内部关联结构进行分析；知识融合强调新知识的产生，知识集成强调知识的统一管理，而"知识聚合"则将关注点从外部信息环境扩展到了知识单元本身，其不同于传统信息组织与物理上的资源整合，而是强调知识单元之间的关联，有语义上的关联之意。可以说，知识聚合是资源聚合、信息聚合的深化和延伸。[④]

知识聚合是大数据环境下知识组织的发展趋势，能够解决大数据环境下知识组织面临的问题。采用大数据挖掘技术、人工智能等手段方法对大数据环境下海量、多样化、动态性的数据进行多维度组织，提取知识之间的关联，构建多维多层又相互关联的知识体系，使知识资源更具有知识性、系统性、结构化、便利性等特点。另外，知识聚合通过对于多层次的知识资源挖掘和关联关系构建，实现语义层面的深入组织，能够从内容层面上对用户需求进行回应。实现面向用户需求的精准化、智能化、个性化的知识服务，为用户带来更好的知识服务体验。

二、知识聚合方法

目前已有多种方法能够实现知识聚合，特别是近年来，随着大数据挖掘技术、云计算、语义网、人工智能等技术发展，使知识聚合的方法不断地更

---

① 丁楠，潘有能.基于关联数据的图书馆信息聚合研究［J］.图书与情报 2011（6）：50–53.
② Preece A, Hui K, Gray A, et al. Designing for Scalability in a Knowledge Fusion System［J］. Knowledge–Based Systems, 2001, 14（3）：173–179.
③ 任皓，邓三鸿.知识管理的重要步骤——知识整合［J］.情报科学，2002（6）：650–653.
④ 李亚婷.知识聚合研究述评［J］.图书情报工作，2016，60（21）：128–136.

新和完善。综合国内外研究现状，目前应用最为广泛的知识聚合方法主要有基于元数据、分众分类、语义网、计量分析、社会网络分析、本体、主题等方法。

（1）基于元数据层面的知识聚合方法。元数据是指描述数据的数据，可用来提供某种知识的相关信息，它可以作为知识聚合的数据基础。元数据的要素具有结构化、规范化、可映射性等特点，其结构和特征使得利用元数据实现知识资源聚合具有可行性，使元数据的关联成为可能。诸如曹树金等[1]运用形式结构分析和逻辑结构分析方法构建了细粒度聚合单元的元数据描述框架；彭佳和郑巧英[2]提出在元数据仓储的基础上构建知识组织和聚合的整体框架体系，从语义层面上实现信息资源的聚合。但是，由于元数据需要规范化和标准化，这就使元数据缺乏灵活性和自由度，无法满足互联网上海量杂乱的信息准确高效聚合组织的要求。

（2）基于分众分类的知识聚合方法。分众分类改善了元数据自由度低的弊端，允许用户自定义，用户可以对需要聚合的资源定义描述。基于分众分类的聚合方法大大提高了聚合的时效性，并且易于操作，具有简单实用、便捷时效、动态交互、分布协同、协作关联等优点，但是该方法是根据类标签间的相似情况进行的知识关联，缺乏语义上的支撑，具有规范化程度低、关联程度低、结构化和受控程度低、语义模糊等缺点。因此，学者专家往往将分众分类方法与其他基于语义的构建方法相结合，使其互为补充。例如，金凡[3]通过分众分类法和维基百科知识库的融合，构建了移动应用语义知识库，相较于普通的关联词知识搜索，这种方式具有强大的优越性。

（3）基于关联数据的知识聚合方法。关联数据的典型特征为分布式异构资源数据的无缝连接与整合，可借助 URL、RDF、HTTP 协议等工具实现不同数据库中资源的分享与利用，解决了知识异构的问题，提高了数据资源的语义关联[4]。关联数据虽无法在封闭系统中实现有效聚合，且对隐性资源关系的揭示能力不足，但其易于识别与使用，语义丰富，扩展性强，兼具了完整性和准确性。关联数据的出现为知识聚合和发现提供了新的研究视角，同时，关联数据奠定了知识有机组织的基础，为知识聚合的研究提供了有效工具。例如，游毅

① 曹树金，李洁娜，王志红.面向网络信息资源聚合搜索的细粒度聚合单元元数据研究［J］.中国图书馆学报，2017（4）：74-92.

② 彭佳，郑巧英.信息资源聚合与组织研究——以发现系统为例［J］.图书馆杂志，2016，35（3）：80-85.

③ 金凡.基于分众分类法和维基百科的移动应用语义知识库构建［D］.武汉科技大学，2012.

④ 马费成，赵红斌，万燕玲，杨东晨，赖洁.基于关联数据的网络信息资源集成［J］.情报杂志，2011，30（2）：167-170，175.

和成全①剖析基于 URI 复用与 RDF 链接的关联数据聚合机制，指出资源 URI 开放复用在聚合机制中所扮演的基础性角色，并分析了作为聚合核心的 RDF 链接所具有的不同类型与聚合功能。

（4）基于计量分析的知识聚合方法。计量分析法强调定量分析文献单元的内外部特征和关系，厘清知识内容的层次关联。可对海量信息进行分析，并可对输出结果量化之后进行可视化呈现分析。知识计量聚合的过程，就是逐步利用知识资源满足用户需求的过程②。学者利用计量分析法对知识聚合开展了诸多的应用研究。但是，计量分析聚合方法对知识资源的层次关联以及结构实现了更进一步的揭示，但其也存在诸多弊端，例如能够分析的内容有限、对知识资源语义层面的挖掘不够深入，还需要借助其他方法工具完善③。

（5）基于社会网络分析的知识聚合方法。社会网络分析是将知识间的关联通过数学建模和可视化图像方式展现出来，根据网络的群聚性，将知识进行聚类划分，再通过对知识群落及其相关关系的网状结构的分析，探究知识间的相互链接关系。利用社会网络分析法进行知识聚合，可从多角度、全方位地研究知识的内外部特征及作用价值，并且这种方法结构性强，语义关联情况可通过可视化知识图谱立体呈现，能够科学地展示出知识资源间的多维、多粒度关系。因此，社会网络分析方法在图书情报领域的知识聚合研究中得到了广泛应用。例如，王雨④基于社会网络分析法对数字图书馆资源聚合进行研究，综合运用社会网络分析、矩阵算法、网络图谱等工具、方法，分析作者互引关系、作者合作关系、作者—关键词关系，根据关系的可视化网络图谱，论证数字图书馆资源聚合的途径。但是社会网络分析法也存在一定的弊端，如互动性差、操作过程不够简洁方便，分析的全面性也无法得到保障。

第三节　知识服务理论

一、知识服务的概念及特征

1. 知识服务的概念
由于现代信息环境的巨变以及知识经济迅猛发展所带来的冲击，传统的信

① 游毅，成全.试论基于关联数据的馆藏资源聚合模式［J］.情报理论与实践，2013，36（1）：109–114.
② 董克，程妮，马费成.知识计量聚合及其特征研究［J］.情报理论与实践，2016（6）：47–51.
③ 马鸿佳，李洁，沈涌.数字资源聚合方法融合趋势研究［J］.情报资料工作，2015（5）：24–29.
④ 王雨.基于社会网络分析的数字图书馆资源聚合研究［D］.吉林大学，2014.

息服务正在向知识服务转移。当前很多学者认为，知识服务是信息服务的高级阶段，是知识含量高的服务[①]。国内有很多学者对知识服务概念进行了界定，但是对于知识服务的概念还没有形成确切统一的认识，比较有代表性的知识服务概念如下。张晓林[②]认为，知识服务是在网络环境下以知识的搜寻、组织、分析，充足的知识和能力为基础，根据用户问题环境，融入用户问题解决的过程，提出能有效支持知识应用和知识创新的服务形式；尤如春[③]认为，知识服务是根据用户问题解决方案的目标，通过用户知识（信息）需求和问题环境分析，提供的经过知识（信息）的析取、重组、创新、集成而形成符合用户需要的知识产品的服务。戚建林[④]认为，知识服务应有广义和狭义之分。从广义上讲，知识服务是指一切为用户提供所需知识的服务。从狭义上讲，"知识服务"应是指针对用户专业需求，以问题解决为目标，对相关知识进行收集、筛选、研究分析并支持应用的一种较深层次的智力服务。

综合以上专家的观点和定义，可以得出知识服务以解决用户的问题或需求为服务目标，运用知识服务人员或组织的知识，给用户提供知识资源或知识产品，甚至是任务解决方案，以满足用户的知识需求。本书认为，知识服务是满足用户不同类型知识需求的服务过程，即知识服务提供方在充分挖掘用户需求的基础上，借助适当的方法和手段挖掘和组织知识资源，向用户提供知识服务产品或帮助用户解决问题的服务交互过程。

知识服务与信息服务之间既相互区别，同时也存在密切联系。一方面，知识服务和信息服务的作用基本一致，两者都是为了满足用户的特定需求而采取的应对措施，而且知识服务和信息服务都强调信息技术的重要性，信息技术为两者提供了解决问题的手段和方法。另一方面，知识服务与信息服务的服务内容不同，信息服务给用户提供的是文献或数据信息本身，而知识服务需要充分挖掘出隐性知识为用户提供问题的解决方案；知识服务与信息服务的价值取向不同，信息服务的关注重点在于信息资源的获取和传递，知识服务强调是否帮助用户找到解决问题所需要的知识，是否产生一定的社会效益或者经济效益。

2. 知识服务的特征

国内外学者对知识服务的特征也开展了相关研究。张红丽和吴新年[⑤]认

① 柯平.新世纪图书馆需要知识管理和知识服务［J］.新世纪图书馆，2005（6）：15-17.
② 张晓林.走向知识服务：寻找新世纪图书情报工作的生长点［J］.中国图书馆学报，2000（5）：30-35.
③ 尤如春.论网络环境下的知识服务策略［J］.图书馆，2004（6）：85-87.
④ 戚建林.论图书情报机构的信息服务与知识服务［J］.河南图书馆学刊，2003（2）：37-38.
⑤ 张红丽，吴新年.知识服务及其特征分析［J］.图书情报工作，2010，54（3）：23-27.

为，知识服务具备综合集成化、集约化、密集增值型、层次性、过程性的服务特征。杨晓蓉和王文生[1]认为，知识服务具有针对性、个性化、知识性、动态性、集成性、创新性的特点；刘崇学[2]认为，知识服务是面向知识内容，围绕知识增值和创新的服务，是基于专业化、个性化、综合集成的服务。当前的大数据环境下知识服务具有更为典型的特征，大数据环境下知识服务是面向智慧服务和自主需求，强调用户参与，支持按需使用和付费、共性目标和异性技术特征相辅相成、基于知识、能力、资源、过程共享和交易、基于群体创新、更为绿色环保的服务。[3]李霞[4]等认为，知识服务具有高度专业化的知识特性、服务的高附加值特性、服务个性化、定制化特征、服务过程的交互性、广泛的知识网络特性等特征。

综观当前国内外学者对于知识服务的特点的论述，本书认为，知识服务具有以下特征：①知识服务是以人为本的服务。知识服务以用户需求或任务为服务导向注重在服务过程中与用户的交互。②知识服务是集成化的服务。知识服务是信息管理、知识管理与组织学习综合集成的服务。③知识服务是专业化的服务。知识服务的专业化体现在它能根据用户提出的不同专业领域的知识需求来组织知识资源，实施对口专业化的知识服务。④知识服务是创新性的服务。知识服务过程中运用各种技术方法对知识资源组织和挖掘，强调对知识的再造和创新利用，使服务提供知识资源转化为一种生产力。

二、知识服务的流程

本书将知识服务流程概括为：知识需求分析、知识获取、知识创新、知识应用和知识服务效果反馈五个阶段。首先，应充分挖掘用户的知识需求制定出个性化的用户知识需求服务方案。其次，通过应用相关的工具与技术方法采集获取全面的、准确的知识资源为知识服务提供资源保障；对知识内容进行客观、全面的分析，包括利用数据挖掘、情报分析的专业工具与方法，对知识内容进行深度挖掘、整合与集成，依据需求创新目标，形成高质量的知识创新产品；之后，通过知识产品的推送、发布，将知识产品准确传递给用户，实现知识产品的应用。最后，了解用户对知识服务效果的反馈和意见，改进和优化知识服务内容和模式，确保知识服务的可持续发展。

---

① 杨晓蓉，王文生.网络服务的新模式——从信息服务向知识服务转变[J].农业网络信息，2005（8）：29-31+52.

② 刘崇学.高校图书馆开展知识服务探讨[J].图书馆学研究，2004（2）：82-83，33.

③ 秦晓珠，李晨晖，麦范金.大数据知识服务的内涵、典型特征及概念模型[J].情报资料工作，2013（2）：18-22.

④ 李霞，樊治平，冯博.知识服务的概念、特征与模式[J].情报科学，2007（10）：1584-1587.

（1）知识需求分析阶段。"需求分析"和"需求知识方案"是重中之重。知识服务是以人为本的服务，知识需求的正确与否直接影响着后续知识服务的进展和知识服务效果的好坏。知识服务机构不仅需要获取显性知识需求，还应当结合用户的兴趣和偏好，挖掘和获取用户的隐性知识需求。同时也要考虑到用户需求环境的变化，与用户建立起高效的沟通机制。在与用户沟通和确认的交流过程中，准确定位可能需要的知识，制定出科学高效的需求实现知识方案。

（2）知识获取阶段。知识服务机构应该发挥自身的业务能力，依据需求知识方案，运用一定的技术手段从各种各样的知识来源中检索或采集知识内容，然后对所有的知识内容进行全面的研读和评判，确保服务提供知识资源的质量和可靠性。

（3）知识创新阶段。知识服务机构首先需要运用数据挖掘、知识组织等技术方法对采集的知识内容进行组织和挖掘形成满足用户基本需求的一次知识产品或服务。然后在此基础上，通过组织内的共享与交流进行知识创新，实现对知识资源内容的深度整合和集成，形成满足用户个性化和差异化需求的知识创新产品。

（4）知识应用阶段。知识服务机构通过对知识产品的推送和发布，将其准确地传送给用户，从而实现知识产品的应用。知识产品的传递方式影响到后续的知识应用，因此需要增强知识服务产品的可靠性。

（5）知识服务效果反馈阶段。知识服务机构将深加工的产品或服务传递给用户之后，会得到用户的反馈意见，了解和听取用户对知识需求满足的评价以及知识产品对创新的具体价值和参考。知识服务机构需要根据用户的反馈意见，构建知识服务能力的评价体系，确保知识服务的可持续发展。

三、知识服务模式

按照用户需求类型和知识服务目的可以将知识服务模式分为知识推荐服务、知识导航服务、知识语义检索服务、知识融合服务、个性化知识服务等模式。

（1）知识推荐服务模式。随着大数据时代的到来，知识资源呈现海量式增长，用户的知识需求也具有个性化特点。用户面临信息过载而有效知识匮乏的困境。用户不断变化的信息或知识需求促使知识服务创新知识模式。而知识推荐服务能够依据用户兴趣偏好的变化，为用户提供个性化的知识内容和服务形式，这是解决信息或知识过载的最有效方法。智能的知识推荐系统能够为用户提供基于用户需求、兴趣及情景的相关知识推荐服务，也能够对领域热点、热门的知识资源进行推荐，从而帮助用户全面理解知识内容。此外，还能够运用用户和知识资源之间建立的语义关联网络，为用户需求分析和提取以及相似用户发现提供依据，从而提升知识推荐效果，提升知识资源利用效率。

（2）知识导航服务模式。大数据环境下网络数据资源较多，庞杂无序，良莠不齐，知识组织和集成效果的较差，使用户查找和获取知识效率较低，从而付出较多的精力，不能够实现知识的快速索引和查找。而知识导航服务就是为了解决网络环境下知识索引和查找，提高知识查找和获取效率的知识服务模式。网络环境下知识导航服务集知识标注、知识检索和知识概括总结于一体。知识导航服务的内涵有广义和狭义之分，广义上的知识导航服务不仅包括知识的选择和咨询，而且包括知识的评价、咨询及营销，狭义上的知识导航服务是指帮助用户从网络海量的资源中识别出其所需的知识。[①]知识导航服务表现出服务对象的社会化、服务内容的数字化和多样化、服务方式的多样化、主动化和个性化、服务手段的网络化、服务流程的一体化等特征。[②]目前，知识导航服务的常见服务方式有 Web 表单咨询、在线咨询、知识库检索和知识库浏览、主题标签、用户标签、语义检索等。全面的、系统化的、智能化的知识导航服务能够通过各种知识系统及时地向用户提供信息，有效地解决和消除用户获取和搜寻知识的"瓶颈"，有助于知识服务水平和效率的提高。

（3）知识语义检索服务模式。知识语义检索是为了适应网络环境下知识组织的发展趋势，以解决传统信息检索机制不完善和检索效率低下而提出的一种新的检索服务理念。知识语义检索服务的本质是根据用户的输入、基于语义网等技术确定相关文档或知识，进而将检索和挖掘发现结果返回给用户，以此为用户提供知识资源，满足用户的知识获取需求。知识语义检索服务模式分为用户层、应用逻辑层与数据层三个层次，用户层仍是实现人机交互的用户检索界面，包括用户的检索词输入接口与检索结果展示界面；应用逻辑层分为用户的检索请求处理与语义查询结果处理两个部分；数据层则是知识语义检索服务实现的资源基础和保障，该层依据用户需求偏好和知识分类规则进行知识资源聚合，构建知识本体元数据，展示知识资源间的结构层次关系。当前国内基于本体的知识语义检索服务平台研究较多，例如，王昊和苏新宁[③]阐述了本体在知识检索服务中的具体应用，包括用户检索式的语义扩展，查询结果的关联知识推荐，基于学术资源网络模型的知识导航以及基于规则库的知识关系检索等。

---

① 袁琳蓉．基于网络环境的图书馆知识导航服务模式研究［J］．农业图书情报学刊，2014（7）：172-174.

② 张德云．网络环境下图书馆知识导航服务模式探索［J］．图书馆学研究，2013（11）：76-79.

③ 王昊，苏新宁．基于 CSSCI 本体的知识检索服务平台构建及应用［J］．现代图书情报技术，2011（3）：22-29.

（4）知识融合服务模式。在大数据环境下，知识资源具有海量规模、增长速度快、多源异构、更新实时、价值密度低等特点，给用户利用知识带来了诸多困难，使用户产生知识融合需求。知识融合服务的目标是通过把碎片化的知识单元联结概括，进而为用户提供准确的、具有针对性的知识服务，减少用户知识搜寻和获取的精力。知识融合服务指的是知识服务机构从分布异构式的网络资源中搜索和抽取相关知识，加以处理和总结后获得新的知识，从而为用户提供有效的知识资源。语义网技术、多 Agent、数据挖掘、智能信息处理等技术发展为大数据环境下知识融合服务提供了技术支持，促进了知识融合服务的研究和应用。当前比较典型的知识融合服务系统分别是 KRAFT 架构、经过改进和细化的 KRAFT 架构、农业知识融合系统架构和语义融合框架 Sem Fus[①]。

（5）个性化知识服务模式。传统的知识服务是"以信息系统为中心"的服务，往往会产生信息迷航、过载等生态问题。然而用户的知识需求是千差万别的，用户在认知经验、兴趣爱好和知识储备上的差异必然要求知识服务模式的个性化。个性化知识服务是指从各种显性和隐形知识资源中按照用户需求有针对性地提炼知识，并且根据用户的知识结构需求、行为方式和心理倾向等为其提供定向化的预定知识与服务方式。个性化知识服务需要不断地跟踪用户对知识的应用情况，及时获取用户对知识服务效果的反馈，分析其知识需求，优化知识服务的过程，逐渐形成针对用户的个性化知识服务系统。个性化知识服务同样也是一种主动式的知识服务，重视用户的意愿和需求，强调"用户至上"的理念，具有以用户为中心、互动性、创新性、针对性等特征。

个性化知识服务是知识服务和个性化服务的结合，属于知识经济背景下的一种新型的服务理念，需要相关信息过滤和检索技术、个性化推荐技术等技术支持，推动知识服务业深入发展，是高层次的知识服务模式。对于知识服务机构而言，个性化知识服务有助于其增强自身的知识服务能力、提升自身的服务水平及构建出具有价值的知识产品。同时，个性化知识服务业能够促进社会信息化建设，使用户与信息的联系更加紧密，社会信息化程度加深，从而推动全社会的信息化建设。

四、社会化问答社区知识服务现状及发展趋势

1. 社会化问答社区知识服务现状分析

通过对知乎、百度知道、悟空问答等代表性社会化问答社区知识服务情况

① 刘晓娟，李广建，化柏林.知识融合：概念辨析与界说［J］.图书情报工作，2016（13）：13-19，32.

调研，发现当前社会化问答社区主要存在问答式、检索查询、主动推送和基于兴趣话题四种知识服务模式。梳理相关研究文献发现当前国内外对社会化问答社区的相关研究主要从问题、答案、用户和平台四个方面展开[①]。大部分是针对社会化问答社区用户知识贡献、分享、搜寻、利用、持续使用等知识行为开展研究，基于用户感知、人格特质、人类动力学、ECM–IT 等理论方法，从不同视角探讨社会化问答社区用户知识行为和规律。例如，沈洪洲和史俊鹏[②]认为，以知乎为例，基于人类动力学探讨了社会化问答社区优秀贡献者行为；也有学者针对社会化问答社区用户生成内容（问题和答案）的质量、组织方式和智能处理算法开展研究。余本功等[③]探讨了基于多属性加权的社会化问答社区关键词提取方法；沈旺等[④]从用户视角对社会化问答社区信息可信度评价开展研究。然而，社会化问答社区知识服务方面，陶兴等[⑤]通过密度峰值聚类算法（DPCA）对社会化问答社区用户生成答案进行知识聚合与主题发现，进一步提高社会化问答社区中的用户交流方式和知识服务水平。虽然部分学者针对问答社区对高校图书馆知识服务的影响开展研究，探讨问答社区对高校图书馆知识服务的影响[⑥]，并构建相应的知识服务平台[⑦]。但是，目前社会化问答社区知识服务模式较为单一，难以适应用户需求，学术界针对社会化问答社区知识服务的研究较少，缺乏基于用户角度探讨社会化问答社区知识服务的相关研究，更是没有学者引入知识聚合理论与方法创新构建社会化问答社区知识服务模式。社会化问答社区知识聚合服务迫切需要从理论上规范和统一，形成完善的知识聚合理论框架与方法体系，从而为社会化问答社区知识服务提供新的视角和思路。

2. 社会化问答社区知识服务发展趋势

现有社会化问答社区提供的知识服务模式，虽然其形式特征与服务模式在不同程度上满足了用户知识需求，有效地促进了知识传播和用户之间的交流互动。但是随着移动互联网、Web4.0 和大数据时代的到来，面对网络用户需求

---

① 李蕾，何大庆，章成志.社会化问答研究综述 [J].数据分析与知识发现，2018，2（7）：1–12.

② 沈洪洲，史俊鹏.基于人类动力学的社会化问答社区优秀贡献者行为研究——以"知乎"为例 [J].情报科学，2019，37（5）：85–91.

③ 余本功，李婷，杨颖.基于多属性加权的社会化问答社区关键词提取方法 [J].图书情报工作，2018，62（5）：132–139.

④ 沈旺，康霄普，王佳馨，饶泽阳.用户视角下社会化问答社区信息可信度评价研究 [J].图书情报工作，2018，62（17）：104–111.

⑤ 陶兴，张向先，郭顺利.基于 DPCA 的社会化问答社区用户生成答案知识聚合与主题发现服务研究 [J].情报理论与实践，2019，42（6）：94–98+87.

⑥ 罗铿.网络问答社区对高校图书馆知识服务的影响研究 [J].大学图书情报学刊，2017，35（6）：7–10.

⑦ 刘剑涛.高校学科知识问答社区构建研究 [J].现代情报，2014，34（7）：100–103.

变化和互联网发展，社会化问答社区的知识服务也应该顺应时代发展的潮流，不断地努力探索知识服务的新视角，借助大数据挖掘、人工智能等方法提升知识服务技术水平，朝着更加精准化、智能化、聚合化、高效化的创新知识服务趋势发展。

首先，针对社会化问答社区开展知识服务仅考虑了用户表达出来的知识需求（提问问题或检索词语），没有对用户知识需求进行深入挖掘和分析，综合考虑用户知识需求和层级，为用户提供的知识服务缺乏个性化和精准化等问题。社会化问答社区应该面向用户需求开展精准化、多层次的知识服务。不仅要考虑用户外化知识需求，而且要采用数据挖掘等方法深入挖掘和获取用户潜在知识需求，结合用户情境开展满足用户多层次、精准化的知识服务，增强服务的针对性提高社会化问答社区知识服务水平和能力。

其次，针对社会化问答社区知识资源呈现几何式激增，用户生成答案格式多元化、异构化等特点为社会化问答社区知识组织与利用带来了诸多的挑战与变革，仅采用简单的基于问题或话题等知识组织服务模式，提供的知识服务方式将存在缺乏智能化和可视化等问题。面对大数据环境下社会化问答社区用户生成答案知识的多源异构、高度分散且无序等特点，如何将离散分布、多源异构、无序的"知识碎片"动态关联并筛选组织序化，构建数据驱动下的智能化知识服务体系也成为未来社会化问答社区知识服务发展趋势。社会化问答社区未来应该综合运用先进的知识组织、数据挖掘、可视化等技术手段对社会化问答社区知识资源进行挖掘及发现，深入开展数据驱动下的知识推荐、知识发现等智能化知识服务模式。

另外，社会化问答社区知识服务提供的知识内容以用户生成答案文本为单位，没有对答案知识内容抽取和融合，深入知识资源的细粒度层面，更是没有挖掘知识单元之间的关联及发现新知识，无法进一步提供高质量的知识服务等问题。随着用户对于社会化问答社区知识组织和聚合程度要求越来越高，驱动社会化问答社区改革和创新知识组织方式，不仅要从文本层面实现知识组织，还需要深入地从句子或知识单元等层次进行知识组织及发现，实现高效智能化的知识服务。

然而，将知识聚合理论和理念引入社会化问答社区知识服务领域，充分发挥知识聚合的优势和特点，能够解决当前社会化问答社区面临的知识服务问题。社会化问答社区面向用户需求开展知识聚合服务成为未来发展趋势，能够为社会化问答社区知识服务的服务理念、服务模式、方法、价值目标等基础理论赋予了新的内涵特征。而且，近年来以数字学术资源为对象的知识聚合研究取得了丰富的成果，已有的理论方法既为网络社区知识聚合提供了基础和借鉴，又在一定程度上有待优化和改进①。因此，本书将知识聚合理论与方法引入社会化问答社区知识组织和服务，探讨社会化问答社区知识聚合服务的概念、要素组成、动因、过程等内部机理，构建基于知识聚合的社会化问答社区创新型知识服务体系框架，为社会化问答社区知识服务实践和创新型发展提供理论基础和新视角。

第四节　知识质量相关理论

一、知识质量的概念及维度划分

1. 知识质量的概念界定

"知识质量"在不同的研究中其概念并不一致，没有形成统一，早期人们从信息质量的属性角度对知识质量进行概念界定。随着互联网技术发展和社会化媒体的出现，学者对网络环境下知识质量认知和研究不断加深，将知识质量定义转换到了用户感知的角度，从用户对知识的感知有用性角度出发来考虑知识质量的高低。网络环境下知识质量是用户在知识产生、获取与利用的过程中，通过与网站、信息系统的交互的体验与感知而对知识效用与知识价值的综合性评价。不同的学者从不同的角度给出知识质量的定义。

张辑哲②从定性和定量两个角度界定了信息质量的定义，认为信息质量包括信息的质和量两个方面，信息的质是由信息内容的真实性、准确性、正确性和深刻性及信息内容形式、物质载体的确定、恒定性和可靠性两部分构成；信息的量分为信息总量和信息分量，信息的质和量相互影响和作用，共同构成信息质量。冯缨和张瑞云③认为，信息质量是指信息真实、准确地反映各种事物的变化、特征和规律，能够指导信息使用者揭露事物本质、正确认识事物的程度。微博的信息质量应该包含量和质两个方面，信息的质是指微博信息所描述事物的客观、真实、完整、效用、理性的程度；信息的量则指微博发布相关内容的信息的数量。查先进和陈明红④认为，信息资源质量是信息资源的结构、品种、效用等属性在质和量两个方面优劣程度的总和，它是信息资源价值的重

① 陈果，朱茜凌，肖璐．面向网络社区的知识聚合：发展、研究基础与展望［J］.情报杂志，2017，36（12）：193-197+192.
② 张辑哲．论信息形态与信息质量（下）——论信息的质与量及其意义［J］.档案学通讯，2006（3）：20-22.
③ 冯缨，张瑞云．基于用户体验的微博信息质量评估研究［J］.图书馆学研究，2014（9）：62-67，101.
④ 查先进，陈明红．信息资源质量评估研究［J］.中国图书馆学报，2010，36（2）：46-55.

要表现。

基于朱兰博士的"Fit to use"质量概念思想，部分学者认为信息质量就是满足用户需求、达到用户满意的程度。Ballou等[1]从信息用户视角认为信息质量不仅等同于信息的准确性，提出信息在使用过程中的相关性也是评价信息质量高低的重要方面。该概念的提出不仅体现了信息质量有用的特性，还将有用性当作衡量信息质量的另一标准。但是信息的有用性需要通过用户的主观判断，导致该信息质量概念难以量化和评价。Strong等[2]分别从信息生产过程和信息使用两个维度定义了信息质量。从信息生产过程来看，认为信息要"符合规范"，从信息生产和管理的过程来看要建立成熟的规范体系保证信息的准确性和规范性，也可以通过满足具体的规范要求实现可操作化；从信息用户利用角度来看，信息需要满足用户期望或超出用户期望，即信息对于用户而言具有有用性和增值性。马费成等[3]认为，信息资源质量是指反映信息资源满足用户的社会现实或潜在信息需求能力特征的总和。强调了信息质量满足用户需求的特性，认为高质量的信息是能满足用户需求的信息。

部分学者认为信息是特殊产品，将信息质量定义为信息产品质量，从信息产品的客观属性方面来考察信息质量。信息质量是指信息产品满足消费者要求的程度，高质量信息不仅要满足消费者需要的信息内容，还要满足消费者量的需求[4]。如果把信息看成是一种产品，则信息质量主要包括技术性质量特性、时间方面的质量特性、安全方面的质量特性、信息质量的经济特性，以及心理方面的质量特性。[5]

通过以上对信息质量的定义可以发现，大部分学者认为互联网络环境下信息质量区别于数据质量，信息质量更加强调信息满足用户信息需求，所体现出的信息效用和价值。由于用户对于信息质量的要求不统一，用户个体感知的能力和水平不一致，所以对于信息质量的定义并没有形成统一。本书借鉴已有信息质量的定义，认为社会化问答社区信息质量就是用户在与社会化问答社区的交互（信息获取、提问问题、回答问题、分享传递信息、评论等）过程中，通过体验和感知而对获得信息的价值和效用以及社会化问答社区信息服务的一种

[1] Ballou D，Wang R，Pazer H，et al. Modeling Information Manufacturing Systems to Determine Information Product Quality [J]. Management Science，1998，44（4）：462–484.

[2] Strong D M，Lee Y W，Wang R Y. Data Quality in Context [J]. Communications of the ACM，1997，40（5）：103–110.

[3] 马费成，赖茂生等.信息资源管理 [M].北京.高等教育出版社，2014：315–316.

[4] 高智勇，高建民，王侃昌，陈富民，刘军强.基于信息结构要素的信息质量定义与内涵分析 [J].计算机集成制造系统，2006（10）：1724–1728.

[5] 莫祖英.国内外信息质量研究述评 [J].情报资料工作，2015（2）：29–36.

综合评价。社会化问答社区信息质量是由信息内容质量、用户期望质量、感知质量、信息服务质量所构成的多重层面的综合性概念。

2. 信息质量的维度

信息质量是一个多维度的综合性概念，它反映了信息的多维质量特征。一般认为，信息质量维度是指信息满足用户要求和使用目的的基本质量特性。传统的信息质量维度是指信息的准确性、完整性、一致性、实时性和唯一性等，但是这些维度指标都无法测量和度量。信息质量维度是信息质量的表现特征，是进行信息质量评价的框架依据。国内外不同的领域及不同的方法对信息质量维度的描述也不同。不同的学者也从不同角度对信息质量维度进行划分。

国外对于信息质量维度的研究要早于国内，国外方面，Ballou 等[1] 基于信息的多种属性将信息质量划分为准确性、完整性、一致性和及时性四个维度，但是该划分仅突出了信息内容特征，不够全面和完整。Wang 和 Reddy[2] 从用户使用信息的过程将信息质量维度划分为可存取性、可理解性、有用性和可信性四个维度，并将这四个维度进行了进一步的划分，构建了两层的信息质量维度层次。Wang 和 Strong[3] 从用户的角度提出信息质量可以划分为内在信息质量、情境信息质量、可存取性信息质量和形式信息质量四个维度，其中内在信息质量强调信息自身的质量特性，更多地从信息内容角度来考察信息质量；情境信息质量强调从应用角度来衡量价值和效用，包括相关性、增值性等；可存取性信息质量是指用户获取方面的信息质量，表示用户获取和保存信息的难易程度；形式信息质量是指信息外在形式上的质量，即信息的表达是否很好地反映了信息的内容，是信息表达准确性、易用性等方面的衡量。Caballero 等[4] 针对网站信息质量维度进行划分，分为 Web 信息质量维度、用户期望的信息质量和网站提供给用户的功能三个主要维度，为门户网站信息质量评估奠定理论基础。

国内方面，学者从不同的角度对信息质量进行维度划分。曹瑞昌和吴建明[5] 从信息的三元结构出发认为信息质量包括信息的内容质量、符号质量、表达质量和效用质量四个方面。查先进和陈明红[6] 将信息资源质量划分为内容质

① Ballou D P, Pazer H L. Modeling Data and Process Quality in Multi-input, Multi-output Information Systems [J]. Management science, 1985, 31（2）: 150-162.

② Wang R Y, Reddy M P, Kon H B. Toward Quality Data: An Attribute-based Approach [J]. Decision support systems, 1995, 13（3-4）: 349-372.

③ Wang R Y, Strong D M. Beyond Accuracy: What Data Quality Means to Data Consumers [J]. Journal of management information systems, 1996, 12（4）: 5-33.

④ Caballero I, Caro A, Calero C, et al. IQM3: Information Quality Management Maturity Model [J]. J. UCS, 2008, 14（22）: 3658-3685.

⑤ 曹瑞昌, 吴建明. 信息质量及其评价指标体系 [J]. 情报探索, 2002（4）: 6-9.

⑥ 查先进, 陈明红. 信息资源质量评估研究 [J]. 中国图书馆学报, 2010, 36（2）: 46-55.

量、表达形式质量、系统质量和效用质量四个维度，又细分为信息资源的正确性、完整性、相关性、新颖性等维度指标。莫祖英根据信息资源特性和用户特征从信息资源的完整性、权威性、及时性和检索结果质量四个维度界定信息资源质量，又将每一个质量维度细分成多个质量指标。[1] 徐蔡余[2] 将信息质量分为信息资源质量和信息系统质量两部分，其中信息资源质量分为可信赖性、新颖性、时间跨度和文献种类跨度四个维度；信息系统质量包含了易操作性、咨询服务、检索多样性、易识别等多个维度。宋立荣和李思经[3] 依据信息认识论方法将农业科技信息的从形式、内容、效用分类信息质量维度，其中从形式维度方面信息质量维度包括可获得性、一致性、可理解性和及时性等；从内容维度方面，信息质量维度包括准确性、正确性、相关性、可信性、客观性和可靠性等；从效用维度方面，信息质量维度包括适量性、有效性、完整性、背景性解释和有用性等。

综上所述，可以发现为了完成不同的信息质量评估目的，不同的学者将信息质量划分维度不同，针对互联网环境下信息服务和交互部分学者将信息服务质量、交互质量等维度加入。信息质量维度的正确划分能够为信息质量的评价奠定良好的理论基础。

二、信息质量评价

首先，信息质量评价是指采用相关的方法和评价指标对信息的质量进行衡量和判断，对于信息质量的控制有着十分重要的意义。网络环境下信息质量评估的目的就是站在信息用户的立场审视信息，以用户的满意度和需求为导向更好地使信息为用户服务，是一种对信息带有明显主观价值取向的好坏、优劣的测度与评价。网络环境下信息质量的评估首先能够规范信息生产的过程，增进用户对网络信息的信任度，帮助用户识别对用户有用和帮助的信息，从而促进信息的有效利用。其次，信息质量评价能够帮助信息生产、管理及服务平台根据评价结果有针对性地提高网络信息质量。

然而，网络环境下信息质量评价存在一定的问题，首先，当前对于网络信息质量的评价没有形成统一的标准，大部分有关于信息质量的评价标准都是研究者自己制定，制定的评价指标缺乏规范性和实证检验。其次，信息质量评价指标具有主观性，数据获取主要依靠用户感知，由于用户的认知和感知能力的

---

① 莫祖英.数据库用户对信息资源质量的认知及要求分析——以文理背景研究生为对象 [J].情报理论与实践，2013，36（4）：72-77.

② 徐蔡余.基于科技文献数据库网站的信息用户满意模型构建研究 [D].南京理工大学，2007.

③ 宋立荣，李思经.基于网络共享的农业科技信息质量维度分析 [J].图书情报工作，2009，53（22）：85-88.

差距，使信息质量评价结果不同，从而很难进行规范化和统一的评价。另外，网络信息组织无序、信息存在诸多来源、信息数量庞大，所以仅能采用抽样的方式评价，使信息质量评价的精准度较低。与此同时信息来源的无序和数量庞大特点也容易影响信息质量评价结果。

信息质量评价指标的选取主要是从用户感知体验、数据质量、理论分析等视角选取指标，利用信息质量的多维特征指标来评价。目前，已有的研究中已经根据不同的研究对象、领域、不同研究目的等构建了成百上千的评价指标体系，但是由于用户理解多元化、信息质量的多维性等原因至今没有一个统一的、能被基本认可的评价指标体系，很多学者在其研究中往往先界定所用信息质量各个维度的定义，以消除歧义区别于传统质量评价方法。常用的被广泛认可的信息质量评价指标有真实性、易理解性、可达性、实用性、连贯性、通用性、完整性、交互性、安全性等[①]。

信息质量评价方法选取也会影响质量评价结果。常用的信息质量评价方法分为三类，从信息内容特征方面，主要有内容分析法、线性回归法、机器学习等各类方法，根据信息内容的特征，进行统计分析和挖掘获取指标数据评价，此类方法基本能够实现自动化评价；从信息生产的过程角度，主要的评价方法有数据生命周期法、6δ方法、信息质量基准差距评价方法等，主要从信息生产的过程的规范化和标准化来评价信息质量；从用户体验和感知角度，主要是对主观性指标赋予权重，根据用户或专家评分进行评价，主要有德尔菲法、层次分析法、模糊综合评价方法等。

---

① 宋立荣. 网络信息资源中信息质量评价研究述评 [J]. 科技管理研究，2012，32（22）：51-56.

第三章

社会化问答社区用户知识
需求分析及建模

第一节　社会化问答社区用户类型及需求分析意义

一、社会化问答社区用户类型

社会化问答社区作为开放化和社会化的平台，其用户没有确定的分类方式。按照用户是否注册可以将用户分为注册用户和非注册用户；按照用户等级也可以进行划分，例如，百度知道将用户划分为：金牌用户、银牌用户、铜牌用户；有些问答社区按照用户积分多少进行等级划分，又如，小木虫按照用户积分将用户分为小学生、中学生、大专生、本科生、研究生等，按照用户知识行为进行划分，可以划为提问者、转发者、回答者、评论者、收藏者等。由于本书主要关注社会化问答社区知识质量及知识聚合服务研究，所以根据是否提问或回答问题场景，将社会化问答社区用户划分为提问者、回答者和浏览者。在不同问题情境下，用户的功能角色可能会在提问者、回答者和浏览者之间进行转换。

（1）提问者，是指在社会化问答平台提出问题的用户，能够进行问题补充修正、最佳答案选取，属于社会化问答社区的注册用户，也为知识需求者和接受者。

（2）回答者，是指某一问题下回答问题生成答案知识的用户群体，也是社会化问答社区的注册用户，属于知识贡献者。

（3）浏览者，是指在问题提问或回答场景下既不提问问题也不回答问题的用户，仅浏览和查阅平台已有的问题和答案，也可能会对回答者生成答案知识产生编辑、评价、转发、收藏等行为。浏览者既可能是社会化问答社区平台的注册用户，也可能不是注册用户。同时，既可能是知识贡献者，也可能是知识需求者。

由于本书主要是基于用户知识需求分析社会化问答社区平台用户生成答案的知识质量，提出答案知识聚合方法与服务模式。所以，本书中的用户知识需求是指提问者和浏览者的知识需求，后续文中不再逐一说明。

二、社会化问答社区用户知识需求分析的意义

在大数据和移动互联网时代背景下，网络用户的知识需求以及对社会化问答知识服务要求均发生了极大变化。社会化问答社区用户知识需求是推动社会化问答社区用户提问、查询、获取和利用等知识行为发生的前提，决定了社会化问答社区知识服务的内容、模式及未来发展方向。对于社会化问答社区用户知识需求的研究有助于问答社区快速识别用户复杂多样、动态变化的知识需求，为管理和挖掘知识内容、优化和创新社区知识服务模式提供支持。

当前国外方面以"医疗护理""科研人员""病患""教育""电子商务"等领域网络用户知识需求研究为主，其中对科研人员、病患群体、企业用户[①]等特定领域用户知识需求研究较多。例如，García-Gómez 等[②]分析了大部分用户对于医疗健康类 APP 的知识需求后发现，人们对于 II 型糖尿病、疾病检测类 APP 知识最感兴趣。学者从多个维度对用户知识需求划分层级，根据知识需求表达状态分为客观状态、认识层次、表达层次的三个层级[③]。也有学者针对用户知识需求的影响因素及知识需求对信息行为的产生影响开展研究，分析地理位置[④]、人口统计特征[⑤]、认知等因素对用户知识需求的影响。国内学者对于网络用户知识需求研究主要集中在数字图书馆[⑥]、虚拟知识社区、门户网站、搜索引擎等方面，包括对需求分类、模型构建、需求影响因素，以及某些特定领域的知识需求调查研究，涉及的内容比较广泛。特定领域的用户知识需求调查和分析主要是采用问卷调查和统计分析的方法针对电子商务、数字图书馆、档案

① Wang Y, Yu S, Xu T. A User Requirement Driven Framework for Collaborative Design Knowledge Management [J]. Advanced Engineering Informatics, 2017, 33: 16–28.

② García-Gómez J M, de La Torre-Díez I, Vicente J, et al. Analysis of Mobile Health Applications for a Broad Spectrum of Consumers: A User experience Approach [J]. Health Informatics Journal, 2014, 20 (1): 74–84.

③ 胡昌平. 信息服务与用户研究 [M]. 武汉: 武汉大学出版社, 2008: 127.

④ Yom-Tov E, Diaz F. Out of Sight, Not out of Mind: On the Effect of Social and Physical Detachment on Information Need [C] //Proceedings of the 34th international ACM SIGIR Conference on Research and Development in Information Retrieval. 2011: 385–394.

⑤ Ankem K. Factors Influencing Information Needs among Cancer Patients: A Meta-analysis [J]. Library & Information Science Research, 2006, 28 (1): 7–23.

⑥ 郭顺利, 李秀霞. 基于情境感知的移动图书馆用户信息需求模型构建 [J]. 情报理论与实践, 2014, 37 (8): 64–68+73.

用户，以及学术虚拟社区 [①]、健康社区用户知识需求进行调研和分析。存在少量对于网络知识社区用户知识需求方面的研究。针对用户知识需求分类、模型构建、知识需求聚合 [②]、探讨用户知识需求对信息行为及信息服务影响。例如，滕广青等 [③] 基于概念格构建了社区用户知识需求模型。邓胜利等 [④] 分析了社会化问答社区用户信息需求对信息搜寻的影响，发现信息需求依靠问答社区卷入度的中介作用才影响用户的信息搜寻行为。

综上所述，国内外对于问答类网络知识社区用户知识需求研究乏力，对于网络知识社区用户知识需求的层级、动态演化过程研究较少，存在一定的研究空间。然而在以用户为中心，用户参与的 Web2.0 时代，社会化问答社区的用户行为、知识管理和挖掘，知识服务开展均需要基于用户知识需求，了解用户知识需求的特征和变化状态。因此，有必要针对社会化问答社区用户知识需求的类型、特征，以及动态演化过程开展研究，为社会化问答社区知识组织管理及服务做铺垫。

第二节　社会化问答社区用户知识需求层次及特征

一、社会化问答社区用户知识需求形成

信息需求是用户为了消除存在信息不确定性和差异性，为解决各种问题而产生的对信息的必要感和不满足感 [⑤]，也是用户对信息内容和信息载体的一种期待状态 [⑥]。而知识需求是用户信息需求的延伸和深化。由于知识需求还未形成统一的概念界定，所以借鉴信息需求定义认为用户知识需求是用户为消除自身知识的不足或解决面临问题任务而产生的需求状态。社会化问答社区用户知识需求是用户为了提高自身认知和知识水平，消除日常生活、工作、学习、科研过程中遇到问题或任务中知识的不确定性，或是满足娱乐消遣、社交而产生的对于知识内容和问答社区服务的需求状态，主要以知识资源需求和问答社区

① 李宇佳. 学术新媒体信息服务模式与服务质量评价研究 [D]. 吉林大学，2017.
② 胡媛，曹阳，张发亮，朱益平. 基于用户关系的数字图书馆社区知识需求聚合模型构建 [J]. 图书馆学研究，2017 (21)：45–52.
③ 滕广青，董立丽，田依林，张凡. 基于概念格的社区用户知识需求模型研究 [J]. 情报科学，2011，29 (1)：108–112.
④ 邓胜利，陈晓宇，付少雄. 社会化问答社区用户信息需求对信息搜寻的影响研究——基于问答社区卷入度的中介作用分析 [J]. 情报科学，2017，35 (7)：3–8+15.
⑤ 丁宇. 网络信息用户需求的特点与利用特征及规律浅析 [J]. 情报理论与实践，2003 (5)：412–414+446.
⑥ 唐嫦燕. 2000–2005 年我国用户信息需求研究综述 [J]. 图书馆论坛，2006 (5)：45–47

知识服务需求为主。社会化问答社区用户知识需求形成是一个逐步认知的动态过程，受到用户求知欲、好奇心、经验知识的强烈影响。Savolainen[1] 将信息需求形成划分为行为、任务、对话三种不同的情境，并分别研究了每种情境中信息需求的特点及需求形成的动机因素，借鉴该研究结论，结合社会化问答社区特点认为行为情境是社会化问答社区用户日常浏览和查阅情境，即浏览偶遇情境；对话情境是用户之间及用户与平台之间的互动交流情境，即互动交流情境；任务情境是用户为完成工作、科研、日常等问题下情境，即任务情境。所以，认为社会化问答社区用户知识需求形成主要包括以下三个情境：

（1）问题任务驱动下形成。用户为了解决遇到问题或完成任务，消除不确定性，在求知欲的刺激作用下产生。求知欲望越强，用户越容易产生知识需求。例如，用户学术研究过程中遇到新术语时，在求知欲望的刺激下促使用户借助社会化问答社区去了解和掌握，从而产生知识需求。该情景下用户形成的知识需求是用户亟须解决的需求，具有一定目的性，影响用户的工作和学习进度。同时，也具有模糊性和潜在性的特点，有些知识需求虽然已经形成，但是用户并不一定能够意识到并清晰表达，容易受到用户的认知、经验和知识结构的影响。

（2）浏览偶遇情境下形成。社会化问答社区作为用户日常网络娱乐、社交和学习的工具，经常性登录浏览，消遣娱乐。用户有时前期浏览和查阅相关的知识时，没有确切的需求，没有明确目的和计划的浏览知识，而在无意的浏览和阅读过程中，由于好奇心、求知欲刺激形成的知识需求。浏览偶遇情境下形成的用户知识需求是由用户的好奇心激发，用户自身好奇心越强，越容易形成知识需求。但是，该情境下形成的知识需求属于短暂性知识需求，较为容易满足和消除，不具有持久性。

（3）互动交流过程中形成。用户在社会化问答社区提问、获取知识与平台或回答者之间互动交流过程中，受到互动交流者的启示可能会产生新的知识需求。该情景下用户知识需求形成于用户前期已有的知识需求基础之上，在用户求知欲和好奇心的共同作用下产生，是用户与平台或其他用户互动交流的结果，具有持续性和动态性的特点。互动交流情景下用户知识需求随着用户的知识结构变化而动态变化，是解决已有知识需求与产生新需求之间矛盾的运动过程。另外，互动交流情景下随着用户认知水平的提高也容易激活用户前期没有表达和没有意识到的知识需求，使用户能够更清晰地表达自身需求，平台也能够更加准确地了解和获取用户知识需求。

---

① Savolainen R. Conceptualizing Information Need in Context［J］. 2012，17（4）：534.

二、社会化问答社区用户知识需求层次

以往的研究中有关用户信息需求层次的研究较多，从不同的维度划分用户信息需求层级，按照用户需求表达状态，泰勒①将图书馆用户信息需求划分为潜意识的需求、意识到的需求、表达出来的需求和折中的需求表达四个层次。著名的信息学家科亨②将用户信息需求划分为客观状态、认识层次、表达层次的三种层级。李枫林③基于认知目标将用户信息需求划分为认识层、理解层及创造层。易明等④根据马斯洛的需求层次理论将网络知识社区用户知识需求划分为知识需求、安全需求、社交需求、尊重需求、自我实现需求五种类型。通过综述已有研究发现用户信息需求层次划分大多数是根据信息需求的表达状态或者用户需求按照递进式方式划分层级。由于知识需求是信息需求的特殊表现形式，随着用户认知、情境变化、问题任务解决进展，用户对于自身知识需求认识越来越清晰，也可能产生新的知识需求，循环进入层级递进。也可能通过提问、评论、留言或即时交流等方式实现互动交流，结合自己的情景和自身特性形成个性化需求。个性化知识需求是社会化问答社区用户最终形成的需求状态，属于用户知识需求的最高层级。已有用户知识需求模型缺乏对于用户个性化知识需求体现，所以本书依据其层级递进关系、逐步动态变化的特点，借鉴科亨和泰勒的信息需求层次理论分为客观状态知识需求、意识层次知识需求、表达出来的知识需求、折中知识需求、个性化知识需求五个层级。如图 3-1 所示。

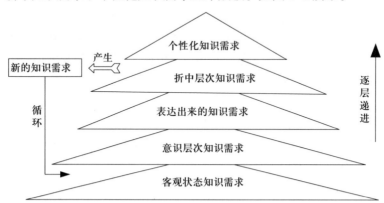

图 3-1　社会化问答社区用户知识需求层次

① Taylor R S. Question-negotiation and Information Seeking in Libraries [J]. College & Research Libraries, 2015, 76（3）: 251-267.

② 白光祖，吕俊生. 基于信息需求层次理论的 PIE 可满足性分析 [J]. 情报杂志，2009，28（4）: 48-51+111.

③ 李枫林. 基于认知目标分类的用户信息需求层次分析 [J]. 知识管理论坛，2014（3）: 19-23.

④ 易明，宋景璐，杨斌，陈君. 网络知识社区用户需求层次研究 [J]. 情报科学，2017，35（2）: 22-26.

（1）客观状态知识需求。社会化问答社区用户在工作、学习和日常生活中探索未知、解决实际任务或问题时总是存在一定的知识需求，是一种不以用户主观认知为转移的需求状态，即客观状态知识需求。客观状态知识需求是潜在知识需求，存在于用户的现实需求之外。由外界的社会环境、经济、文化或法律制度、物理情境、问题情境等各类客观条件决定，不受用户自身特性和意识的影响。客观状态知识需求有些能够被用户意识到，而大部分不能被意识到或暂时意识不到，但是仍然客观存在，并随着时间、工作的进展慢慢被用户意识到。

（2）意识层次知识需求。意识层次知识需求是指社会化问答社区用户能够觉察认识到的需求，是用户头脑中所反映出来的知识需求。但是对于所需求知识内容仍然模糊不清，并且杂乱无章，对于需求的界定和表达也不是很清楚，又可能由于认知、表达水平等因素没有真正地形成问题或检索式，仅形成初步的想法和意识。意识层次知识需求是客观状态知识需求的心理认知状态，是一种潜在知识需求，并不是所有的客观状态知识需求都能够转化为意识层次知识需求，而且已经转化为意识层次知识需求也并不一定正确，可能会受到用户认知、事物表层现象等因素影响导致错误。

（3）表达出来的知识需求。表达出来的知识需求是指社会化问答社区用户运用文字、符号、音频或视频等方式将意识层次知识需求表示出来，具体表现形式为用户提出问题、用户检索浏览平台知识、用户寻找最优回答用户等。例如，用户在问答社区知乎平台提问"如何构建僵尸网络？"。表达出来的知识需求是显性知识需求，但是受到用户表达水平、逻辑组织能力、认知，以及内外部环境的影响，用户表达出来的知识需求并不全面准确代表用户意识到的知识需求，可能仅仅是意识需求的一部分，有些意识层次需求难以表达或不愿意表达。

（4）折中层次知识需求。折中层次知识需求是社会化问答社区用户随着自身认知水平提高和任务推动下，通过与平台其他用户交流互动或自主浏览获取知识、不断修正自身知识需求，使知识需求能够被准确表达，体现在社会化问答社区为用户修正、补充提问问题、追问、否定已有问题重新提问，或者调整修改检索词和浏览主题等。折中层次知识需求是用户显性知识需求，能够准确地表达用户意识层面知识需求，使用户对于自身知识需求有新的认识和感悟，容易出现新的知识需求，体现出社会化问答社区用户知识需求的动态变化特性，容易受到平台内外部环境、回答者能力、用户认知结构、思维等因素影响。

（5）个性化知识需求。个性化知识需求是指符合用户自身情境，且独有的知识需求。它是由折中知识需求、用户隐性知识需求结合发展而来的，需要借助平台的浏览日志、交流互动行为、提问记录、用户特征等进行挖掘和获取，是问答社区平台提高知识服务水平和质量最需要了解和掌握的知识需求。用户个性化知识需求受到平台服务能力、技术能力、用户自身特性、用户历史记录、问题情境等多方面因素的影响。

三、社会化问答社区用户知识需求特征

社会化问答社区用户的知识需求不同于传统环境下用户知识需求，其发生了很大的变化，具体表现在以下四个方面：

（1）多样性和综合化。社会化问答社区作为开放化、社会化的问答平台，其多元化表现为用户多元化、用户需求内容多元化和知识需求方式多元化。任何用户都可以在平台提问生活常识、专业知识、学术科研、娱乐八卦、时事政治等各种类型问题，使平台用户类型多元化，平台问题类型多种多样，包罗万象。另外，社会化问答平台用户知识需求内容不仅包括了用户对专业型知识资源需求，还包括用户对于情感、社交娱乐、政治文化等方面产生的知识需求，表现出多层次性。用户在社会化问答社区不仅为了获取知识，而且还较为注重获取知识内容组织方式、获取途径和工具，并且用户在满足已有知识需求的同时，可能还会产生其他的知识需求，期待社会化问答社区能够继续提供全面综合化的知识。

（2）随机性和情境化。用户知识需求一般形成于用户解决工作、学习、生活上的问题情境下，特别是在当前移动智能终端的普及，众多社会化问答社区推出了移动端，移动网络环境下用户知识需求产生需要考虑物理位置、终端设备状况、网络环境等情境因素，使产生用户知识需求具有场景化和即时性特点。另外，社会化问答社区用户知识需求可能是由于用户知识偶遇情境或者特定移动环境场景下随机形成。当用户浏览社会化问答社区，发现自己感兴趣的问题或话题时，将会产生新的知识需求，进行进一步的浏览和查找，这种知识需求是用户随机形成的，没有目的性和计划性，这使用户知识需求具有随机性。

（3）集成性和精准化。随着社会化问答社区上答案知识增多，用户知识需求不再是为找不到答案而发愁，而是期待通过最小努力获取更多的令人满意的需求的知识资源。用户的知识需求变得不仅是简单地对知识资源需求，而是期待社会化问答社区能够提供系统完整、形式多样化的答案，融合多方观点和意见，形成集成一体化知识。另外，随着社会化问答社区用户认知水平提高、任务驱动、互动交流等，用户不断地修正自己的问题和检索式，用户知

识需求也由低层次向高层次递进，用户能够准确地表达自己的需求，即由模糊化向精确化转变，逐渐明确自己的知识需求，使用户知识需求体现出精准化特点。

（4）连续性和动态化。社会化问答社区用户知识需求连续性体现在用户利用问答社区满足知识需求时会产生其他新的知识需求，新知识需求是基于已有知识需求产生，它们之间存在各种相互关联关系，存在连续性和关联性。另外，社会化问答社区用户知识需求动态变化表现为知识需求量的变化和知识需求质的变化。知识需求量的变化就是社会化问答社区答案满足用户知识需求程度提高，用户知识需求度会逐渐减少，也可能随着用户认知、解决问题的需要，知识需求数量增加。知识需求质的变化也就是用户产生新的知识需求，完全否定以前知识需求或产生不同于以往的知识需求。

第三节 社会化问答社区用户知识需求的动态演化

一、动态演化的成因及方向

社会化问答社区用户知识需求随着内外部环境、用户自身特性、任务完成程度的发展，以及问答社区知识服务推进等动态变化，呈现动态演化的态势。用户知识需求演化期间受到多种原因因素的影响和驱动。

首先，社会化问答社区用户社交和互动交流推动用户知识需求的动态演化。用户通过平台的互动交流功能与回答者及社区服务人员之间互动和交流，互动交流的过程中一方面用户满足已有知识需求之后进一步产生新的需求或高层次需求，致使原有的知识需求发生变化；另一方面，随着用户互动交流的深入，也可能越来越能够清晰意识和表达自己的需求，通过修正或追问方式调整自己的知识需求，使用户的知识需求动态变化。

其次，用户认知和能力水平的提升推动用户知识需求动态演化。用户认识水平和能力提升能够促进用户知识需求意识能力和知识需求表达能力的提升，从而使用户知识需求数量和质量发生变化，逐渐由模糊化和不确定性转变为具体化和清晰化。由潜在知识需求转换至意识到知识需求过程中，用户能够意识到更多的客观潜在的知识需求，使知识需求在数量方面发生变化。另外，由意识到知识需求层次转换为表达出来的知识需求时，用户能够更加清晰地表达需求，使用户知识需求质量方面发生变化。随着用户认知水平和能力的提升。

最后，任务进展驱动用户知识需求动态变化。社会化问答社区用户知识需求随着外部环境、解决问题或完成任务目标等进度而不断变化。知识活动的生命周期理论指出用户处于不同的知识活动阶段表现出不同的知识需求。在不同阶段用户需求内容不同，寻求与关注的知识服务重心也会有差异，而随着知识活动的进行，某一需求的满足后会自然过渡到下一阶段的需求，表现为需求的进化。用户任务初始阶段最先形成基本的知识需求，当用户初始知识需求满足后随着工作推进会产生新的需求；也可能会随着用户初始知识需求的满足，用户浏览获取及与知识服务人员的交流后产生需求内容和层次的变化，产生知识需求迁移。例如，科研人员在完成某项科研工作时，其知识需求就可以分为科研立项和选题时知识需求、科研工作进行时知识需求和完成科研工作时知识需求。每个阶段的知识需求不同，但是随着任务目标驱动，知识需求自然过渡到下一阶段。

另外，社会化问答社区用户知识需求动态演化也具有一定的方向性，随着任务进度、外部环境变化、用户自身特性影响下朝向精准清晰化、高层次化、集聚化等方向发展。首先，社会化问答社区用户知识需求随着用户与平台互动交流、自身认识水平和能力的提升逐渐清晰认识到自身需求，以修改问题或追问等方式修正问题，准确清晰表达需求，提出具有针对性的问题或检索式。其次，用户知识需求具有逐层递阶特点，随着任务进度和用户认知能力提升其知识需求朝向更高层次发展。社会化问答社区用户初期产生基础性知识需求，随着用户知识需求满足程度的提升，用户继而产生社交、情感等方面的高层次知识需求，最终产生体现自己的需求特点，逐渐朝最高层次个性化知识需求的方向演化。最后，社会化问答社区用户知识需求演化朝向集聚化方向。用户知识需求演化具有"马太效应"规律，即拥有知识需求多的用户其需求越来越多，需求少的用户逐渐使需求越来越少。少数用户为满足知识需求，总是在平台提问或浏览知识，而在浏览和获取知识满足原有知识需求的同时，又可能会进一步产生新知识需求，就需要更多的知识来满足需求。周而复始，使知识需求量大的用户会产生更多的知识需求，即问答社区平台提问多的用户越来越喜欢在平台上提问，产生的知识需求也会越多。

二、用户知识需求动态演化的过程模型

依据用户知识需求表达状态可以将社会化问答社区用户知识需求分为客观状态知识需求、意识状态知识需求和表达状态知识需求，其中表达状态知识需求分为表达出来的知识需求和折中层次知识需求。为了更好地表达他们之间相

互转换和演化的关系，借鉴 Jeon 等[1] 研究中的知识需求状态表示方法采用集合论来表达他们之间的关系，如图 3-2 所示[2]。

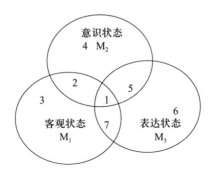

图 3-2 社会化问答社区用户知识需求状态

从图 3-2 中可以看出，社会化问答社区用户知识需求集合 $M=\{M_1,M_2,M_3\}$；客观状态的知识需求集合 $M_1=\{1,2,3,7\}$；意识状态知识需求集合 $M_2=\{1,2,4,5\}$；表达状态知识需求集合 $M_3=\{1,5,6,7\}$。图中集合 1-7 区域的知识需求状态如下：

集合 $\{1\}$ 是集合 M_1、M_2、M_3 的交集，它表示社会化问答社区用户客观状态的知识需求得到准确认识并表达出来的部分，集合 $\{1\}$ 越大表示用户知识需求被意识到并准确表达的需求越多。但是通常情况下该部分用户知识需求仅占用户知识需求的极少部分，是用户知识需求精准清晰化的演化方向，也是演化的理想化状态。

集合 $\{2\}$ 表示社会化问答社区用户客观状态知识需求被意识到但是未能表达出来的需求。这部分是社会化问答社区需要重点挖掘和转化的知识需求部分，能够通过用户知识需求表达能力提升和交流互动推动转化为集合 $\{1\}$ 部分的知识需求。

集合 $\{3\}$ 表示社会化问答社区用户知识需求既没有被意识到也没有被表达出来的知识需求。是对用户潜在知识需求的集中表达，占据了用户客观知识的大部分需求。该部分知识需求需要社会化问答社区进一步地刺激和挖掘，提高用户知识需求意识和认识水平，才能够被意识到和表达出来。

集合 $\{4\}$ 部分表示社会化问答社区用户意识到的错误知识需求。是用户对

① Jeon J，Croft W B，Lee J H，et al. A Framework to Predict the Quality of Answers with Non-textual Features［C］//Proceedings of the 29th Annual International ACM SIGIR Conference on Research and Development in Information Retrieval. ACM，2006：228-235.

② 邓胜利，孙高岭.面向推荐服务的用户信息需求转化模型构建［J］.情报理论与实践，2009，32（6）：14-17+50.

于客观存在需求的错误理解和认识形成，但是并没有被表达出来。该部分知识需求容易对后续用户知识交流和知识需求表达产生影响，应该减少此类知识需求的数量。

集合 {5} 部分表示社会化问答社区用户意识有误，并且表达出来的知识需求。该部分知识需求是由集合 {4} 转换而来。直接影响回答者或问答社区服务者对于用户知识需求的理解，降低回答者的准确率和平台知识服务质量。所以，需要尽可能地降低该部分用户知识需求数量。

集合 {6} 部分表示社会化问答社区用户意识有误，并且采用错误表达方法表达出来的知识需求，这将会对社会化问答社区的知识服务产生严重影响，降低知识服务的质量和效果。该部分用户知识需求需要采用知识技术、推荐服务、互动交流等手段和方法进行避免和消除，这容易造成社会化问答社区平台知识冗余和过载问题。

集合 {7} 表示社会化问答社区用户已经表达出来，但是没有意识到的潜在客观需求。该部分需求是用户真实知识需求，也是用户有效知识需求的重要组成部分，需要社会化问答社区进行挖掘和获取。随着用户知识意识水平和交流互动深入逐渐意识到，转化为集合 {1} 的知识需求。有效利用该用户知识需求能够使得社会化问答社区有针对性地提供个性化知识服务，提高用户的满意度和体验。

社会化问答社区用户知识需求在多种动力驱动下发生动态演化，用户互动交流、认知和能力提升、任务进展都能够直接驱动用户知识需求动态变化。其中用户认知和能力提升、任务进展都发生在互动交流、浏览查询和推送等用户行为情境下，即用户知识需求的动态演化需要建立用户行为情境下，因此，根据社会化问答社区平台特点，其社区用户互动交流行为和浏览查询行为是两种最典型的用户行为。所以，本书主要分析用户互动交流、用户浏览查询和服务推荐行为发生时用户知识需求的演化过程：

（1）互动交流情境下用户知识需求动态演化。社会化问答社区用户互动交流是指提问用户将知识需求运用问题或者检索式的方式部分表达，回答者或问答社区平台知识服务人员通过即时通信工具或留言回帖的方式与提问用户互动交流，进一步明确用户知识需求，提供准确的答案。该情境下用户知识需求主要朝向集合 {1} 发展，扩大集合 {1} 部分知识需求，减少并消除了集合 {4}、集合 {5}、集合 {6} 的知识需求。即社会化问答社区用户能够更多意识到自己潜在知识需求，并不断修正自己的问题或检索式，减少意识错误并表达出来的错误知识需求，使用户知识需求能够朝向精准化方向发展，其动态演化过程，如图 3-3 所示。

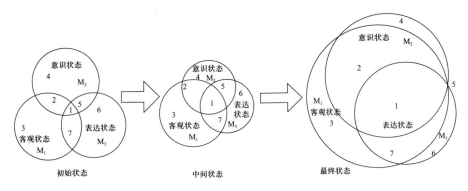

图 3-3　互动交流情境下用户知识需求动态演化

互动交流情境下社会化问答社区用户知识需求动态演化总体趋势是用户客观知识需求越来越多，用户能够更加清晰和精准地表达自己的知识需求，用户意识错误和表达错误的知识需求减少，朝向清晰精准化、个性化方向演化。各个知识需求集合的变化状态如下：

用户客观状态知识需求 $\{M_1\}$ 呈现不断扩大的状态。随着提问者和回答者之间的互动交流深入，用户部分知识需求得到满足的同时又会产生新知识需求，根据前述的用户知识需求演化具有集聚化的特点，用户客观知识需求会不断增多。集合 {1} 知识需求状态也是呈现不断扩大的状态，随着提问者和回答者，以及社区服务人员之间互动交流的深入，回答者逐渐清晰提问者的知识需求，提供针对性答案和知识服务。提问者也逐渐清晰自己的知识需求，通过修正提问问题或检索式，以及追问等方式使知识需求能够更加精准表达，形成折中层次知识需求，进而最终演化成为符合自身特征的个性化知识需求。

集合 {4}、集合 {5}、集合 {6} 知识需求逐渐变小，直至达到理想状态被全部消除。随着提问者与回答者之间的互动交流深入，首先，提问者能够通过互动交流提高自己的知识素养和意识，使自身能够减少意识错误的知识需求，即集合 {4} 知识需求减少。其次，用户会不断的修正提问问题或检索式，去除认识有误并已经表达出来的知识需求，减少集合 {5} 的知识需求，直到该部分知识需求被完全消除。最后，集合 {6} 的知识需求是用户意识有误，并且已经错误表达的知识需求，随着互动交流的深入用户能够清晰意识并精准表达知识需求，也可以通过提高知识过滤、检测水平，提高平台知识审核力度，减少垃圾知识需求表达的产生，从而减少该部分的知识需求。

（2）浏览查询和服务推荐情境下用户知识需求动态演化。社会化问答社区用户浏览查询和服务推荐情境下用户没有明确表达知识需求，仅是浏览和查阅问答社区的问题和答案。用户知识需求是社会化问答社区通过用户历史浏览记录、注册知识、关注热点话题，以及当前情境等挖掘和获取，部分知识需求用户并没有意识到，更多表现在个人偏好、知识偶遇等层面。社会化问答社区通过挖掘用户客观知识需求，整合相关知识资源和服务工具，通过知识推荐服务满足用户知识需求。该情境下用户知识需求主要朝向集合 {2}、集合 {7} 发展，扩大了集合 {2}、集合 {7} 知识需求，刺激推动集合 {2} 知识需求转化成为集合 {1} 知识需求，尽量减少并消除集合 {4} 知识需求。即达到社会化问答社区平台能够挖掘到更多用户潜在知识需求，提高用户知识素养和知识意识。刺激用户将更多意识到的正确知识需求进行准确表达。其动态演化的过程，如图 3-4 所示。

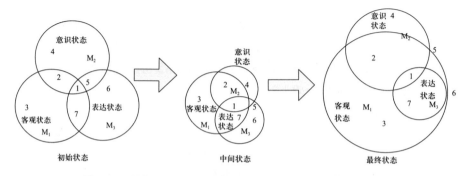

图 3-4　浏览查询和服务推荐情境下用户知识需求动态演化

浏览查询和服务推荐情境下社会化问答社区用户知识需求动态演化总体趋势是用户客观需求越来越多，问答社区平台能够挖掘到用户更多的知识需求，用户意识错误和表达错误的知识需求减少，用户意识到更多的客观知识需求，朝向清晰精准化、高层次化、集聚化方向演化。动态演化过程中用户各个知识需求集合的变化状态如下：

用户客观状态知识需求集合 {M_1} 呈现不断扩大的状态。随着提问者浏览推荐知识或关注感兴趣的话题或问题，随意浏览和查阅社区的相关问题和答案，关注感兴趣的话题和讨论能够引起用户兴趣刺激用户产生更多的知识需求，随着用户浏览知识和答案数量的增加，用户客观知识需求呈现集聚化、高层化的演化方向。用户能够正确意识到的客观知识需求集合 {2} 的演化状态也是不断扩大。用户通过查阅自己知识需求相关的问题，提高自身的认知和知识水平，能够更加清楚解决问题所需要的知识。另外，还能够提高自身的知识素养和知识意识水平，意识到更多的解决问题所需的客观知识需求。社会化问答社区开展知识推荐服务能够刺激用户进行知识需求转化和表达，将用户意识到准确知识需求进行精准化表达成为集合 {1} 状态知识需求，提高问答社区用户活跃度和知识服务质量。

集合 {7} 部分用户没有意识到但是已经正确表达的知识需求呈现扩大的趋势。社会化问答社区依据用户以往的历史浏览记录、关注兴趣话题和用户注册知识挖掘用户客观知识需求，随着用户以往历史浏览记录增多能够挖掘到用户更多准确的潜在客观知识需求。该部分知识需求会随着问答社区平台知识推荐服务的启发和服务体验，由无意识的状态转化成为用户有意识状态。另外，随着用户更多的客观知识需求被挖掘出来，表达状态知识需求 $\{M_1\}$ 将朝向集合 $\{M_3\}$ 移动，使大部分用户客观知识需求能够被表达。

集合 {4}、集合 {5}、集合 {6} 知识需求逐渐变少，直至达到理想状态被全部消除。浏览查询和服务推荐情境下用户知识素养和认知能力不断提升，用户知识意识能力也不断提升，减少了用户错误意识客观知识需求部分，即集合 {4} 知识需求减少。另外，该情境下社会化问答社区用户没有直接采用提问问题、检索式等方式表达知识需求，可以减少错误意识和错误表达的知识需求部分，即消除集合 {5}、集合 {6} 的用户知识需求，减少错误意识和错误表达知识需求对回答和知识推荐服务质量的直接影响。

社会化问答社区用户知识需求演化受到多种情境和动力驱动，呈现烦琐复杂的特点，对于社会化问答社区知识服务产生重要的影响。知识交流互动情境下用户知识需求演化能够使用户知识需求更加精准清晰和个性化，能够提高知识服务的准确性和针对性。浏览查询和服务推荐服务情境下用户知识需求演化能够使更多的用户客观知识需求被挖掘和表达，提高社会化问答社区个性化知识服务的质量和水平。

第四节　社会化问答社区用户知识需求模型构建

社会化问答社区用户知识需求呈现出多样综合化、随机性和情境化、集成性和精准化、动态连续性的特点。随着用户任务推动、认知水平和外部环境的变化不断的动态演化，难以用固定集合表达用户知识需求。然而层次向量空间模型能够对描述对象属性进行多维度表示，并能够根据外部变化进行更新和学习，不断地进行自适应调整。所以，本书采用层次向量空间模型方法构建面向知识服务、具有反馈和自学习更新功能的社会化问答社区用户知识需求模型。社会化问答社区用户知识需求模型构建有助于对用户知识需求进行更好的表示，有助于掌握和了解用户知识需求的动态变化。

一、层次向量空间模型

向量空间模型是由 Salton 等于 20 世纪 70 年代提出，是将文本内容表示成向量的形式，其处理简化为向量空间中的向量运算，并且以空间上的相似度表达文本内容语义的相似度。层次向量空间模型是基于向量空间模型的一种改进模型表示方法。采用层次向量空间模型构建用户知识需求模型时，首先需要对用户知识需求按照树形结构分类，其次在采用向量空间模型的方法描述各维度知识需求。

假设用户知识需求分为 m 个不同的维度，那么用户知识需求模型可以表示成为：$Model = \{(T_1, W_1, n_1), (T_2, W_2, n_2), \cdots, (T_m, W_m, n_m)\}$，$1 \leq i \leq m$，其中 T_i 表示第 i 个维度的知识需求特征向量；W_i 为第 i 个维度知识需求特征向量的权重，n_i 表示第 i 个维度包含特征向量的数量。第 i 个维度知识需求特征向量的关键词特征项记为：$T_i = \{(k_{i1}, w_{i1}), (k_{i2}, w_{i2}), \cdots, (k_{in}, w_{in})\}$，其中 (k_{ij}, w_{ij}) 表示 T_i 维度知识需求的第 j 个表示用户知识需求的关键词，k_{ij} 为知识需求的表示关键词，w_{ij} 为关键词 k_{ij} 的权重。

层次向量空间模型可以根据用户知识需求的变化，删除或增加向量特征项的关键词、更新关键词权重等方式动态表示用户知识需求。所以，本书借鉴层次向量空间模型构建社会化问答社区用户知识需求模型，运用向量空间中的向量表示特征项描述用户各维度的知识需求内容，适应社会化问答社区用户知识需求的动态演化。

二、用户知识需求模型构建

社会化问答社区用户知识需求模型的构建步骤包括用户需求特征获取、用户知识需求模型表示、用户知识需求模型学习更新三个步骤。

（1）用户需求特征获取。社会化问答社区用户知识需求主要通过用户注册基本信息、提问问题或检索式、Web 日志等体现。用户注册基本信息和 Web 日志能够体现用户兴趣爱好等隐式知识需求，提问问题或检索式是用户当前任务情境下知识需求的最直接体现。社会化问答社区用户知识需求可以采用含有的关键词或短语表示特征项，形成向量空间模型。

知识需求特征项获取方式分为显示获取和隐式获取两种方式。注册信息、提问问题或检索式采用直接显示获取方式获取用户知识需求特征项；通过分析用户的注册信息基本情况，比如年龄、性别、兴趣喜好、职业等，也能获得用户知识需求偏好和隐性知识。用户提问问题或检索词是用户知识需求的最直接体现，可以采用显示获取方式直接获取。这种方法获取网络用户知识需求的最简单直接的方式，获取的精准度也比较高。但是该方法依赖于用户的主动性，若用户填写的信息为假或者用户填写不完整都将造成用户知识需求获取的失败，降低用户知识需求表达的准确率。隐式知识获取是采用数据挖掘方法对用户知识需求行为或生成内容的挖掘，即通过对用户日志或浏览查询记录挖掘，从而获取其知识需求或兴趣，预测和表达用户知识需求。隐式知识获取方法变被动为主动，能及时了解用户的知识行为和需求动态变化。

（2）用户知识需求模型表示。根据获取到的知识需求特征项，采用层次向量空间模型表示方法表示。社会化问答社区用户知识需求可以分为任务情境知识需求、物理环境知识需求、社交娱乐知识需求和情感知识需求四个维度，每个维度下又可以分为多个二级指标，采用更为细粒度的知识需求特征项来表示该维度知识需求。任务情境知识需求是指为了完成当前任务或解决问题所需要的知识，主要通过用户提问问题或检索式显示获取；物理环境知识需求是指用户对于当前所处的地理位置、手持智能设备、网络状况等方面知识需求，可以采用传感器、GPS等获取；社交娱乐知识需求是指用户为了维护线上线下的社交关系，满足自身娱乐消遣方面需求产生的知识需求；情感知识需求是指用户为了实现自我价值、获得社会地位和影响力而产生的知识需求。

采用向量空间模型表示法表示各个维度知识需求时，需要首先赋予每个特征项权重，用权重表征特征项占据社会化问答社区用户知识需求的重要程度。利用层次向量空间模型表示社会化问答社区用户知识需求模型的过程中，需根据指标体系确定权重体系。

社会化问答社区用户知识需求的一级指标体系为 $\{v_i|i=1,2,3,4\}$，其对应的权重体系为 $\{w_i|i=1,2,3,4\}$ 则有：

1）$0 \leqslant w_i \leqslant 1$；$i=1,2,3,4$；

2）满足 $\sum\limits_{i=1}^{n} w_i = 1$。 　　　　　　　　　　　　　　　（3-1）

如果该评价的二级指标体系为 $\{v_{ij}|i=1,2,3,4;\ j=1,2,3,\cdots,m\}$，则其对应的权重体系 $\{w_{ij}|i=1,2,3,4;\ j=1,2,3,m\}$ 应满足：

1）$0 \leqslant w_{ij} \leqslant 1$；

2）　　　　　　　　　　$\sum\limits_{i=1}^{n}\sum\limits_{j=1}^{m} w_{ij} = 1$；　　　　　　　（3-2）

对于三级指标、四级指标可以类推计算得到。文中对于社会化问答社区用户知识需求特征项权重的赋值方法初期采用专家直观判定法[1]，组织相关图书

---

[1] 俞立平，潘云涛，武夷山. 科技评价中专家权重赋值优化研究［J］. 科学学与科学技术管理，2009（7）：38-41.

情报专家根据他们的经验和对各维度需求的重要程度的认识，或者从引导意图出发，对各项影响因素的权重进行分配。最后采用专家讨论的最终结果进行初期权重赋值，在后期模型学习更新时参照用户反馈进行训练和学习形成新的权重。

对于四类用户知识需求维度，用户的任务情境知识需求可以表示成为 $UTID=\{(T_1,w_{p1}),(T_2,w_{p2}),(T_3,w_{p3}),(T_4,w_{p4}),(T_5,w_{p5}),\cdots,(T_n,w_{pn})\}$；用户物理环境知识需求可以表示成为 $UPID=\{(P_1,w_{i1}),(P_2,w_{i2}),(P_3,w_{i3}),(P_4,w_{i4}),\cdots,(P_n,w_{in})\}$；用户社交娱乐知识需求可以表示成为 $USID=\{(S_1,w_{s1}),(S_2,w_{s2}),(S_3,w_{s3}),\cdots,(S_n,w_{sn})\}$；用户情感知识需求可以表示成为 $UEID=\{(E_1,w_{s1}),(E_2,w_{s2}),(E_3,w_{s3}),\cdots,(E_n,w_{sn})\}$。社会化问答社区用户知识需求 QAUID 可以采用四个维度用户知识需求向量进行合成。QAUID 表示成为：$QAUID=\{(UTID,W_1),(UPID,W_2),(USID,W_3),(UEID,W_4)\}$。

（3）用户知识需求模型学习更新。社会化问答社区用户知识需求模型不仅要求能准确反映用户当前知识需求，而且还需要随着用户任务推进或外部环境变化自适应的修改。采取用户自反馈的更新机制来实现知识需求模型的更新。用户的自反馈包括用户的显性反馈和隐性反馈，显性反馈是用户直接更改自己的基本信息或修改补充问题信息和检索式；隐性反馈是通过挖掘用户的信息行为和交互来评估和推测用户知识需求的变化。将获取到的用户反馈信息增加到用户知识需求模型中，调整用户知识模型中，新、旧知识需求特征项的权重，使动态变化的用户最新知识需求的特征项在用户知识模型构建中起到更为重要的作用，同时无效的旧特征项随其权重的不断减少而最终从知识需求模型中被删除。社会化问答社区用户知识需求模型学习和更新算法如下：

1）从初始化的用户模型 QAUID 特征项中提取用户知识模型备用特征项集合 $T\{T_1,T_2,T_3,\cdots,T_n\}$，新获取的知识需求特征项集合为 $q\{q_1,q_2,\dots,q_n\}$。同时给每个新获取的知识需求特征项赋予权重为 Δw_i；

2）从集合 q 中取出知识需求表征特征项 q_i（$1\leqslant i\leqslant n$）；

3）若 $q_i\in\{T_1,T_2,\cdots,T_n\}$，则转向 5），否则 4）；

4）将特征项 q_i（q_i，Δw_i）加入用户模型备用特征项集合 T；

5）若 $q_i=t_k$，则新的特征项权重为式（3-3）：

$$w'=\frac{\delta}{\delta(t-t_i)}w(t)+\Delta wi \qquad (3\text{-}3)$$

w' 是指形成的新的权重值（$0\leqslant w'\leqslant 1$），δ 为调整系数，t 为当前系统的时间，t_i 为上一次的时间，$w(t)$ 为 t_i 时刻的权重。若判断到还有新的特征项未检查，则转向 2），重复上述过程。

6）确定阈值 r，若特征项的权重 w 大于阈值 r，则将该知识需求特征项加入用户知识需求模型中，若原有的特征项 w 小于阈值 r，则将该特征项从用户知识需求模型中剔除。更新后的任务情境知识表示为 $UTID'' = \{(T_1', w_{t1}'), (T_2', w_{t2}'), (T_3', w_{t3}'), \cdots, (T_n', w_{tn}')\}$；用户的物理环境知识需求表示为 $UPID'' = \{(P_1', w_{p1}'), (P_2', w_{p2}'), (P_3', w_{p3}'), \cdots, (P_n', w_{pn}')\}$；用户的社交娱乐知识需求表示为 $USID'' = \{(S_1', w_{s1}'), (S_2', w_{s2}'), (S_3', w_{s3}'), \cdots, (S_n', w_{sn}')\}$；用户的情感知识需求可以表示成为 $UEID'' = \{(E_1', w_{e1}'), (E_2', w_{e2}'), (E_3', w_{e3}'), \cdots, (E_n', w_{en}')\}$；合成新的社会化问答社区用户知识需求模型为 $QAUID'' = \{(UTID'', W_1''), (UPID'', W_2''), (USID'', W_3''), (UTID'', W_4'')\}$。我们借助 Rocchi 学习反馈算法思想，对于任意一个初始化模型 QAUID，可以通过用户自反馈信息进行不断调整，使其趋于 QAUID''，QAUID'' 表示社会化问答社区用户知识需求更新的即时模式。Rocchi 反馈算法计算公式如式（3-4）：

$$QAUID'' = a \times QAUID + b \times \left(\frac{1}{N_R} \sum_{di \in D_R} d_i \right) + c \times \left(\frac{1}{N_N} \sum_{di \in D_N} di \right) + e \times QAUID'$$

（3-4）

其中，QAUID'' 表示即时更新后的社会化问答社区用户知识需求模型，QAUID 表示初始化的用户知识需求模型，QAUID' 表示特征项权重调整后用户向量，a、b、c 是调整系数，分别表示调整前用户知识需求、用户显性反馈知识需求、隐性反馈知识需求的重要性，D_R 和 D_N 分别表示显性反馈特征项集合和隐性反馈特征项集合，N_N 和 N_R 表示显性反馈特征项集合和隐性反馈特征项集合中特征项的数目。通过调整向量模型使其更趋向于用户知识需求。社会化问答社区用户知识需求模型的学习更新有助于发现用户新的知识需求，协助问答社区平台对原有用户知识需求模型进行补充和修正，满足用户动态化和情境敏感性的知识需求，提高社会化问答社区用户个性化知识服务的质量和水平。

第四章

用户需求驱动下社会化问答
社区知识聚合服务机理

第一节 社会化问答社区知识聚合服务
概念及组成要素分析

一、社会化问答社区知识聚合服务概念

图书情报领域借鉴有机化学聚合概念，认为知识聚合是基于知识单元的外部及内在特征，将无序的、分散的知识通过一定的组织方法进行凝聚，以发现知识单元间的关联、形成有机的知识体系、提供知识服务的过程[①]。本书借鉴已有知识聚合的概念界定，结合社会化问答社区的特点，认为社会化问答社区知识聚合服务是为了满足用户知识需求，通过统计、计量分析、数据挖掘、人工智能等方法识别知识单元的外在特征，挖掘知识单元的内在语义联系，将无序的、分散的知识单元重新组织和序化，形成用户所需的高聚合度、强关联性的新知识集合，进而为用户提供精准、智能和个性化服务形式。

社会化问答社区开展知识聚合服务首先能够实现社会化问答社区知识的重新整合和序化，形成结构完整、相互关联的知识体系。运用统计分析、数据挖掘、人工智能等智能信息处理方法对答案文本中的知识单元识别和挖掘，发现知识之间的关联，按照用户知识需求对包含知识单元进行重新整合和融合，实现知识的重新组织，形成合理、结构完整的知识体系。其次，知识聚合服务能够减少用户知识获取和利用成本，提高知识组织效率和重用率，为用户带来更好的体验。知识聚合服务面向用户需求重新序化和组织知识，使知识更加容易搜寻、查阅和获取，提高用户知识检索和获取的效率，满足了用户需求提高了

---

① 李亚婷. 知识聚合研究述评 [J]. 图书情报工作, 2016, 60 (21): 128-136.

用户的满意度，从而提高社会化问答社区面向用户需求知识服务水平和效率。最后，大数据挖掘、人工智能等知识聚合技术应用，对于社会化问答社区知识的进一步挖掘、推理和融合，解释知识之间的关联，有助于揭示社会化问答社区知识之间的关联，并发现新知识。这是社会化问答社区知识聚合服务最高目标也能够为用户提供更好的知识挖掘、发现等智能化服务。

二、社会化问答社区知识聚合服务组成要素分析

社会化问答社区知识聚合服务是为满足用户知识需求，运用知识聚合方法组织、挖掘和发现知识，采用不同的服务方式为用户提供知识内容，实现知识资源的生产、传递、共享、互动和交流的服务性活动。作为活动系统过程主要由知识聚合服务主体、知识聚合服务对象、知识聚合服务内容、知识聚合服务环境、知识聚合服务技术等要素组成。

（1）知识聚合服务主体。是指知识聚合服务的提供方，是知识聚合服务活动的主导者和实施者。社会化问答社区作为知识聚合服务主体，首先，知识聚合服务活动提供了平台和环境；其次，运用知识聚合技术方法对社会化问答社区知识资源采集、组织处理、挖掘和推送，完善自身知识聚合服务功能设计与开发，开展知识聚合服务活动；最后，作为知识聚合服务主体社会化问答社区还承担着用户知识需求获取和建模功能作用，熟悉和了解用户知识获取和利用的行为特征，便于知识聚合服务活动的开展。

（2）知识聚合服务对象。是知识服务接受方，是知识资源的接受者和利用者，一般是指具有知识需求的社会化问答社区用户或群体。知识聚合服务对象的知识需求具有个性化、情境化、层次化、多样化的特点，驱动社会化问答社区开展知识聚合服务主要动力，引导社会化问答知识服务创新和转型。在知识聚合服务过程中知识聚合服务对象的知识搜寻、接受和利用呈现出即时主动、最小努力、惯性、从众行为等特征，并且在知识聚合服务过程中主体意识会逐渐增强，逐渐由内容接受，转向专业和价值的认同。同时，知识聚合服务对象也承担着服务反馈和评价的角色功能，通过最佳答案、收藏、点赞、转发、分享等对知识聚合服务效果反馈和评价，有利于社会化问答社区改善和优化知识聚合服务，提高知识服务效率和质量。

（3）知识聚合服务内容。是指知识服务过程中提供的知识资源、服务系统和服务方式等。知识资源是指提供的知识及知识之间的关联关系，是社会化问答社区开展知识聚合服务前提和基础。社会化问答社区知识聚合服务提供的知识内容不再仅是简单组织的答案文本内容，而是经过挖掘和整合的知识内容及知识之间关联，其表现形式丰富多样，表现为文字、图片、超链接等多种形

式，提供的知识内容具有概括性、可视化程度较高、高质量、聚合性等特点。社会化问答社区知识聚合服务系统主要是以社会化问答社区平台为基础，架构的智能化和高效化的服务系统，能够为知识聚合服务提供界面和用户接口，以及一站式服务，提供包括知识导航、知识推荐、知识融合、知识发现等多样化的知识服务方式。

（4）知识聚合服务环境。是指知识聚合服务过程的内外部环境。外部环境主要是指社会化问答社区外部环境，包括国家宏观政策、法律政策、网络环境、社会环境、经济发展水平等；内部环境主要是指社会化问答社区内部环境，包括知识聚合服务意愿氛围、激励措施、规章制度等。知识聚合服务环境特性及其变化对知识聚合服务活动产生影响，为社会化问答社区知识聚合服务提供了保障和基础，对于知识聚合服务活动进行指导和调控。

（5）知识聚合服务技术。是指知识聚合服务过程中所用到的技术、方法和工具，是支撑知识聚合服务活动的基础。知识聚合服务过程知识的生成、分享、组织处理、挖掘和可视化等都离不开技术支持。社会化问答社区知识聚合服务技术包括数据挖掘、可视化、RSS、知识组织和管理、多媒体、知识发现等多种类型技术方法，确保社会化问答社区能够高效进行知识组织和处理，聚合生成知识服务需要知识资源内容，为用户提供满意的知识服务。大数据挖掘、人工智能等先进技术运用能够提高社会化问答社区知识聚合服务的能力和质量，同时知识聚合服务效果也反向促进和推动知识聚合服务技术的发展。

第二节　社会化问答社区知识聚合服务的影响因素

社会化问答社区开展知识聚合服务过程中受到诸多因素的影响，因素之间相互和影响，阻碍了社会化问答社区知识聚合服务开展。究竟哪些因素阻碍了社会化问答社区知识聚合服务的开展，本书从用户感知服务质量和知识生态系统角度尝试分析其影响因素和作用路径，以期厘清社会化问答社区知识聚合服务运行的内部机理。依据前述知识聚合服务的组成要素，将知识聚合服务的影响因素分为知识聚合服务主体、知识聚合服务对象、知识聚合服务技术、知识聚合服务环境四个维度，分别总结归纳其各个维度的相应因素。

一、社会化问答社区维度

社会化问答社区作为知识聚合服务主体是开展知识服务实践者，其自身的服务意识与理念、品牌形象与权威性、服务提供能力、成本与收益、服务方式和途径等是影响社会化问答社区知识聚合服务的主要因素。

（1）服务意识与理念。依据主体意识直接影响主体行为发生，可以得出社会化问答社区的服务理念意识直接正向影响知识聚合服务活动开展。社会化问答社区知识聚合服务意识和理念促使知识聚合服务行为的产生。大数据和移动互联网环境下，社会化问答社区需要迎合时代发展趋势，转变发展思路和创新知识服务模式，意识到开展知识聚合服务的必要性和可行性。

（2）品牌形象与权威性，是指社会化问答社区自身的知名度和影响力。互联网环境下用户较为重视口碑和评价，愿意参与热度和影响力较大的活动，特别是对于专业类知识，用户更偏向利用和接受知名度和权威性高的问答社区知识。社会化问答社区自身影响力和知名度是吸引用户参与知识聚合服务的重要因素。此外，品牌形象与权威性也影响社会化问答社区网络广告宣传和影响力传播。所以，品牌和权威性也是影响社会化问答社区开展知识聚合服务的重要影响因素。

（3）服务提供能力。社会化问答社区自身能够提供知识聚合服务的能力直接影响知识聚合活动开展。服务提供能力包括专业服务人员配备、知识服务技术应用、服务运营资金和基础保障设施等。知识聚合服务需要具有专业服务理念与意识的服务人员，同时也应该配备专业技术的服务人员支撑和维护知识聚合服务设施和平台。另外，知识聚合服务对于服务器、服务技术、专业人员的要求较高，需要运营资金和基础设施来保障服务运营和可持续发展。

（4）成本与收益。社会化问答社区作为互联网环境下经济活动产物，任何服务活动都需要考虑成本与效益的问题，社会化问答社区知识聚合服务也不例外。社会化问答社区知识聚合服务服务过程中需要保障成本与效益之间的动态平衡。成本主要是指在知识聚合服务过程中知识资源的采集处理、存储、挖掘和利用过程中社会化问答社区投入的时间、人力和设备资金等成本。效益原理是驱动社会化问答社区开展知识聚合服务的经济准则，服务效益是驱动服务系统持续发展和服务创新的核心动力。因此，成本和收益是影响社会化问答社区开展和可持续开展知识聚合服务的重要影响因素。

（5）服务方式和途径，是指社会化问答社区提供知识聚合服务的方式和渠道多样化形式。服务对象需求的多样化和差异化要求社会化问答社区要提供服务方式要多样化和丰富化，不能固定于单一的知识服务模式。同时，知识聚合服务的推荐、导航、融合等服务方式丰富和多样化能够吸引更多的用户参与到知识服务过程中，其平台、RSS、邮箱和社交网站等多样化渠道也能够扩大知识聚合服务的范围和影响力，从而提高知识聚合服务效果和质量。

二、用户维度

在"服务为王、用户至上"的体验经济时代，社会化问答社区服务功能的设计和运营，必须从平台管理视角转向用户体验视角，加强对于用户自身及服务需求研究，及时了解用户期望、偏好习惯、认知和先验知识，准确地把握用户知识需求内容与服务类型方式、坚持用户体验和服务至上的原则，只有这样才有可能提供更好的知识聚合服务。用户作为知识聚合服务的接受者和利用者，其自身的认知水平能力、先验知识与信息素养、需求与期望等因素影响社会化问答社区知识聚合服务开展。

（1）用户认知能力，是指用户自身的认识和文化学历水平程度，它是影响用户接受和理解提供的服务知识资源内容的重要影响因素。用户认知能力越强，用户越能够接受社会化问答社区提供的知识聚合服务，越有利于知识聚合服务开展与运行。另外，用户认知能力也是用户拥有知识聚合服务需求和意识理念的重要的影响因素。用户认识能力越高，产生知识聚合服务需求，期待社会化问答社区开展聚合服务的意识就越强。

（2）用户需求与期望，是指体验和使用某种产品或服务之前的期许和认知。大量的实证研究证明用户期望影响用户的满意度和体验，是影响用户持续使用某种产品或服务的重要影响因素。社会化问答社区用户在接受知识聚合服务之前对于社会化问答社区拥有某种期许和盼望，真正接受相关服务后会与先前期望进行对比和分析。如果实际服务质量和效果高于之前的用户期望，可能会对知识聚合服务给予高度的评价和口碑传播，增加社会化问答社区知识聚合服务的品牌形象和影响力。若用户体验效果和服务质量低于之前的用户期望则反之。另外，用户需求是牵引知识聚合服务的关键动力，社会化问答社区知识聚合服务是面向用户需求开展的知识服务类型，服务过程中知识组织、处理和服务形式都是以用户需求为基准，确立知识服务资源内容、模式和类型。因此，用户需求是影响知识聚合服务的重要因素。

（3）用户先验知识与信息素养，是指用户之前对于知识聚合服务提供知识资源的了解和认知情况。用户先验知识越多，越容易接受和利用社会化问答社区提供的知识聚合服务资源内容，使知识聚合服务更容易开展和推广。另外，用户信息素养体现出用户对于知识搜寻、获取和利用的能力，也是影响知识聚合服务的重要影响因素。用户信息素养越高，知识聚合服务越容易开展和进行。

三、内外部环境维度

社会化问答社区知识聚合服务活动离不开内外部服务环境的保障和支持，内外部环境规范和制约知识聚合服务行为活动。其中，社会环境、平台服务氛围、服务保障机制、媒体宣传与推广等因素是影响社会化问答社区知识聚合服务开展和运营的重要因素。

（1）社会环境。外部的经济、文化、宏观政策等社会环境及相关行业的法律规章制度规范和约束社会化问答社区知识聚合服务活动，保障知识聚合服务的生态环境，防止知识聚合服务过程中知识的污染和干扰，影响服务知识内容的可信度和权威性。另外，社会化问答社区作为专业类知识社区提供知识资源内容和服务方式受到医学、伦理、法律等行业规章制度的制约，特别是医学伦理道德和责任的约束。知识资源内容要具有准确性和可靠性，同时也需要符合伦理和社会道德等。

（2）平台服务氛围。平台服务氛围作为内部环境因素，主要是指社会化问答社区内部制定的知识聚合服务的协作、激励等制度和文化氛围等，影响社区管理者和服务提供者参与知识聚合服务的积极性。社会化问答社区内部应该树立起知识聚合服务的意识理念，通过物质、精神等多方面的激励制度和氛围鼓励社区服务者、用户积极参与到知识聚合服务过程中，只有参与的积极性较高，才能保障知识聚合服务可持续的发展和运营。

（3）服务保障机制。包括服务资源提供、服务技术支撑、服务组织运营、服务基础设施保障等多种类型保障机制。社会化问答社区开展知识聚合服务需要最基本的基础设施、知识资源内容数据库、组织运营机构等，它们是保障和支持知识聚合服务开展的重要机制形式，影响知识聚合服务开展和运营。

（4）媒体宣传与推广。媒体宣传和推广是指社会化问答社区对于知识聚合服务宣传推广和营造的服务氛围。社会化问答社区知识聚合服务需要营造良好的知识服务氛围，吸引用户使用社会化问答社区获取和搜寻知识，积极参与到知识聚合服务过程中。另外，社交媒体环境下用户对于社会化问答社区知识聚合服务的推广宣传，有助于提高知识聚合服务的影响力，助力知识聚合服务的推广和运营。因此，社会化问答社区的媒体宣传和推广，营造知识聚合服务氛围和影响力也是影响知识聚合服务的重要环境因素。

四、信息技术维度

社会化问答社区知识聚合服务离不开先进信息技术的支撑，其知识聚合服务平台功能与架构、先进技术的应用水平、知识可视化技术、交互功能等技术因素影响社会化问答社区知识聚合服务开展和运营。

（1）聚合服务平台功能与架构。社会化问答社区知识聚合服务需要依靠聚合服务平台，其平台的功能、设计布局、系统流畅性和易用性等影响着知识聚合服务开展和运营。社会化问答社区搭建的知识聚合服务平台提供的服务功能越多、设计布局越合理，就越有利于知识聚合服务开展，便能够增加用户对于服务平台的满意度和好评程度。同时，社会化问答社区服务平台的功能设计布局要符合用户使用习惯和要求，设置明显的导航目录和操作协助说明，有利于增加用户使用的易用性和可操作性。然而，大多数用户是基于移动智能端使用和接受社会化问答社区的知识聚合服务，所以，知识聚合服务平台的系统流畅性和易用性也是影响知识聚合服务开展，用户在使用知识聚合服务平台过程中付出的时间和精力成本越小，越容易操作和使用，越能够增加用户的吸引力和忠诚度，从而便于知识聚合服务工作开展。

（2）先进技术应用水平。知识聚合服务设计到的先进知识技术包括知识组织、知识采集、知识挖掘与发现等技术。而知识聚合服务作为以技术支撑的服务类型，需要大量的、先进的知识技术支撑。特别是当前的大数据挖掘、人工智能及智能信息处理技术的发展，为知识聚合服务开展提供了有力支撑，影响知识组织、挖掘分析与关联揭示等过程。因此，先进知识技术发展和应用水平在一定程度上推动知识聚合服务运营和开展。

（3）知识可视化技术。可视化技术是指知识资源内容以图谱、图表等可视化方式呈现，作为知识聚合服务内容提供方式和用户交互重要方式，影响社会化问答社区知识聚合服务。知识可视化技术应用能够增加知识聚合服务资源内容的结构化程度和可理解性，有助于用户快速的理解和掌握获取知识资源内容。同时，可视化技术应用一定程度上可以增加知识呈现的丰富多样化，吸引用户参与和使用知识聚合服务，促进知识聚合服务开展和推广。因此，知识可视化技术应用水平和程度影响社会化问答社区知识聚合服务开展和效果。

（4）交互功能设计。社会化问答社区作为社交＋知识共享传播的社区类型，其社交和即时交互功能开发和运用在一定程度上影响知识聚合服务开展。一方面，用户期待社会化问答社区能够提供即时性回复和交流知识资源内容，即时交互功能能够增加社会化问答社区知识聚合服务的时效性和交互性，增加与用户之间的交流沟通和情感交互，提高用户服务体验和满意度。另一方面，交互功能能够拓宽知识聚合服务的渠道和方式，增加知识聚合服务模式多样化和丰富性，从而有助于知识聚合服务开展和运营。

第三节　社会化问答社区知识聚合服务目标及动因

一、社会化问答社区知识聚合服务目标

知识聚合服务旨在通过将碎片化的知识单元有机连接起来，实现知识的重新整合和序化，揭示知识之间的关联，形成知识体系更好地为用户提供准确的、有针对性的知识服务。本书借鉴知识聚合服务概念和目的，认为社会化问答社区知识聚合服务目标主要体现在以下四个方面：

（1）实现社会化问答社区功能价值和品牌增值。一方面，社会化问答社区的主要功能作用是协助用户搜寻和获取专业类的知识，提供专业知识的生产、组织、评价和传播分享等功能。知识聚合作为典型的知识组织形式，能够通过搜寻、挖掘知识之间关联有效地实现知识组织和管理。因此，基于知识聚合的社会化问答社区知识服务更加有利于实现其功能价值和塑造自身形象。另一方面，社会化问答社区知识聚合服务是迎合时代发展的要求和匹配用户知识需求提出的创新型和延伸型的知识服务方式和模式，它能够有效地解决当前社会化问答社区知识服务问题，改善知识组织和管理水平，提高知识服务质量和能力。因此，它能够实现对社会化问答社区的品宣传，吸引更多的用户使用社会化问答社区，保持社会化问答社区的品牌价值。

（2）提高社会化问答社区知识组织管理和服务能力。随着互联网技术发展，社会化问答社区出现知识资源的海量化、多元化和异构化等问题，给社会化问答社区知识组织与利用带来了诸多的挑战与变革，仅采用基于问题、话题、主题类别等简单的知识组织方式很难满足用户需求，提供的知识服务方式和模式也缺乏智能化和合理性。然而，知识聚合作为典型的知识组织方式，它能够运用当前先进的知识组织、挖掘与分析方法与工具，揭示知识之间关联关系，利用知识之间关联关系实现社会化问答社区知识的重新集成和序化，形成多层次和关联性较强的知识体系，解决大数据环境下社会化问答社区面临的知识组织和管理问题，创新知识组织和管理的手段方法，提高知识组织和管理效率和能力。

（3）减少用户知识搜寻和利用成本，实现面向用户需求的个性化知识服务。知识聚合方法和工具的应用使社会化问答社区知识面向用户知识需求重新组织和序化，变得更加容易搜寻、查阅和获取，从而减少了用户知识获取和利用的成本。特别是随着语义网和知识图谱技术的发展，智能检索结果知识聚

合和可视化使用户知识检索和获取的效率大大提高，提高了用户体验度和满意度。另外，知识聚合聚合技术应用还实现面向用户需求的个性化服务，提高知识服务的水平和效率。用户的个性化知识需求是推动社会化问答社区知识聚合的重要动力，提出了更高的服务要求和标准。因此，加大对用户知识需求的聚合、挖掘从而提供精准个性化的智能知识服务成为社会化问答社区知识聚合服务的最重要目标。

（4）揭示知识单元之间的关联，提高社会化问答社区知识资源内容重用率和新知识发现。知识发现是从现有的数据、信息或知识资源中发现新知识，它是知识聚合的最高目标。社会化问答社区知识聚合的一个重要目标就是从社区的文本、论坛和评价中发现新知识。社会化问答社区的知识资源以用户生成为主，且大部分为用户隐性知识外化，它包含了很多的经验、技巧、偏方等隐性知识，对于社区文本的进一步挖掘、关联推理和融合，能够挖掘和发现出产生更多的新知识，为用户提供更好的知识服务。另外，社会化问答社区知识冗余复杂，很多知识很难被发现和利用，知识重用率较低造成知识资源的浪费。而知识聚合服务能够揭示知识之间的关联关系，运用关联关系重新组织和集成知识，能够很多被忽视和隐藏的知识重现，帮助用户更好的利用和创新知识，提高了知识利用率和价值。

二、社会化问答社区知识聚合服务动因

"动因"对于系统来说是系统内部各要素为了实现共同目标或完成某项活动相互作用和影响的推动力。社会化问答社区知识聚合服务动因是指促使社会化问答社区知识聚合服务形成、运行和可持续发展等过程中各种动力因素的作用方式和原理。系统动力学作为一种结构依赖型模型，可以进行仿真模拟和灵敏度分析，其偏向系统内部因素互为因果特点，从系统内部组成结构来寻找事件活动发生的根源，适用于数据不全面和指标难于量化的研究，可以通过系统内部组成要素的因果关系和结构关系弥补数据的不全，保证研究的有效性。因此，本书选取系统动力学作为知识聚合服务动因的研究方法，探讨知识聚合服务活动与结构构成要素因素之间的因果相关关系，采用 Vensim PLE 软件进行系统建模和仿真分析。从社会化问答社区知识聚合服务构成要素维度寻找影响知识聚合服务因素，主要包括知识聚合服务主体、知识聚合服务对象、知识聚合服务内容、知识聚合服务技术、知识聚合服务环境五个方面。综观上述小结分析的影响因素，然后通过专家访谈调研的方式确定影响因素之间的因果关系构建系统的回路图。在系统的回路图中各个影响因素之间通过因果链链接，因果链有正（+）和负（-）两种效应，正因果链表示被指向的因素随着指向因

素的增加而增加，因素的减少而减少呈现正相关的关系，同理负因果链呈现负相关的关系。其中，正反馈回路是效果的加强，社会化问答社区知识聚合服务动因系统动力学模型回路，如图 4-1 所示。

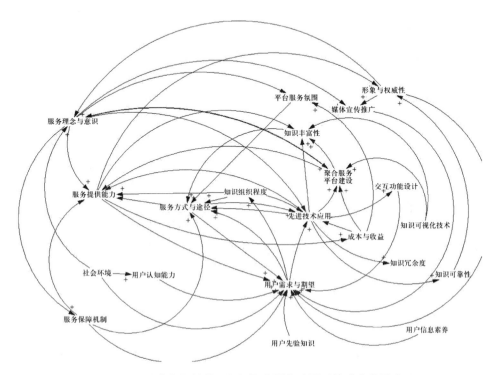

图 4-1 社会化问答社区知识聚合服务动因系统动力学回路

从图 4-1 的社会化问答社区知识聚合服务动因系统动力学回路图中可以找出关键回路主要包括以下三方面的动因回路：

（1）用户知识需求刺激链路。主要包括：用户需求与期望→知识组织程度→先进技术应用→知识丰富性→服务方式与途径→用户需求与期望；用户需求与期望→服务方式与途径→服务提供能力→用户需求与期望两条回路。这说明随着大数据和人工智能时代的到来，网络用户利用社会化问答社区获取知识的需求在不断地增强和变化，对社会化问答社区知识服务提供知识质量、组织形式、聚合程度，以及知识服务方式等方面提出了更高要求，对服务途径的多元化、个性化、智能化需求日益凸显。用户知识需求驱动社会化问答社区采用先进的信息技术和工具更新和改革传统的知识服务模式，创新知识组织方法和服务方式以满足用户的知识需求。这些持续更新和不断变化的用户知识服务需求与现有知识服务供给不足之间的矛盾成为推动社会化问答社区知识聚合服务的根本动力，推动社会化问答社区知识服务朝向满足用户需求、迎合时代发展需求的方向不断发展。

（2）服务主体效益驱动链路。主要包括：形象与权威性→服务理念与意识→先进技术应用→知识可靠性→形象与权威性；成本与收益→聚合服务平台建设→服务理念与意识→服务保障机制→服务提供能力→成本与收益两条回路。知识聚合服务效益是驱动社会化问答社区服务系统持续发展和服务创新的核心动力。社会化问答社区为了保障自身品牌价值、权威性及影响力，增加用户的忠诚度和粘性，就需要不断地创新知识服务理念与意识，运用先进的技术优化知识服务模式提高知识服务效率和质量，节约成本并提高效益。社会化问答社区引入知识聚合服务模式，构建知识聚合服务平台能够使知识服务的保障成本与效益之间动态平衡，有助于最大化的获取收益。因此，服务主体效益驱动社会化问答社区开展知识聚合服务，不断提高知识服务质量，进一步获取更多的利益和价值。

（3）服务技术推动链路。主要包括：先进技术应用→聚合服务平台建设→服务能力提供→用户需求与期望→先进技术应用；先进技术应用→知识组织程度→服务方式与途径→先进技术应用两条回路。大数据挖掘、人工智能、知识图谱等智能信息处理先进技术应用能够提高了社会化问答社区知识组织水平和能力，有效地改善知识服务效率和质量，扩展知识服务功能和途径，推动着社会化问答社区应用和使用最新的信息技术创新知识服务模式，为社会化问答社区开展知识聚合服务提供了支持。另外，知识聚合服务技术的发展不仅提升社会化问答社区知识聚合服务能力，而且在一定程度上影响用户服务评价准则的变化，成为用户接受和评价社会化问答社区知识服务的准则，进一步刺激用户产生新的需求和期望，刺激社会化问答社区进一步应用先进信息技术创新知识服务模式满足用户需求。为了顺应智能信息处理技术发展趋势，不断提高知识服务能力和质量，使社会化问答社区知识服务不在行业竞争中淘汰，社会化问答社区需要不断应用先进的知识聚合服务技术，提高知识聚合服务水平和能力。因此，知识服务技术发展推动了知识聚合服务模式出现，助力社会化问答社区增强知识服务能力和水平。

第四节　社会化问答社区知识聚合服务过程机理

社会化问答社区知识聚合服务是用户与社会化问答社区之间不断进行知识获取、传递共享、交流反馈等交互过程中实现和完成，其分为多个服务阶段，各个阶段之间相互连接形成完整的知识服务循环过程。通过社区内部知识流将知识聚合服务主体、服务对象等连接起来，包括用户参与服务过程、聚合服务提供过程及两者交互过程。针对知识聚合服务对象的知识服务过程循环并不是简单的重复，而是主动适应用户知识需求的动态变化，依据用户的反馈和评价即时调整和改进知识聚合服务内容和方式。社会化问答社区知识聚合服务流程其主要分为用户知识需求挖掘和建模、知识采集和预处理、知识质量评价、知识挖掘与关联聚合、知识可视化呈现和反馈评价等阶段，如图 4-2 所示。

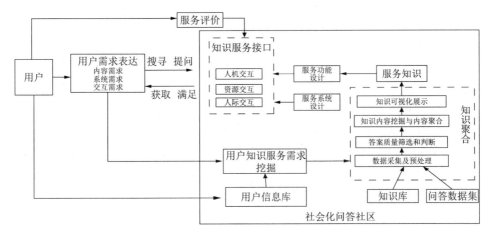

图 4-2　社会化问答社区知识聚合服务过程

（1）用户知识服务需求挖掘和建模。知识聚合服务的精准化和质量受到用户需求的影响，因此，社会化问答社区知识聚合服务首先需要对用户需求挖掘和分析。用户通过提问问题或构建检索式等方式将服务需求外化。但是，受到各方面因素的影响，用户外化表达的知识服务需求并不是全部的需求，需要社会化问答社区运用技术手段和方法挖掘和获取用户隐性需求，运用用户需求建模方法构建用户知识服务需求模型。同时，在知识聚合服务过程中也需要不断地挖掘和分析用户知识行为，动态更新用户知识聚合服务需求，以调整知识聚合服务内容和方式。

（2）数据采集和预处理。知识资源采集是围绕着用户的知识需求，利用网络爬虫、知识库检索等多种途径收集相关知识。针对社会化问答社区知识资源碎片化、复杂化和多源异构等问题，需要不断改进数据采集的技术方法和手段。通过对收集到知识资源清洗、过滤、归纳整理，消除多源数据异构性形成规范格式数据，存储到数据库中，完成知识资源内容的初步聚合。

（3）知识质量评价。社会化问答社区初步采集到知识以用户生成为主，包含大量的低质量、冗余度较高的知识。所以，需要对采集到的知识资源进行评价和筛选。运用深度学习等智能自动化的知识评价方法，过滤垃圾和低质量的知识内容，筛选高质量知识。另外，知识质量评价和筛选过程中也需要结合用户需求与偏好，明确知识服务方式和类型，为后续知识挖掘和关联聚合组织做准备，保证知识聚合服务提供知识内容质量。

（4）知识挖掘和关联聚合。知识挖掘和关联聚合是社会化问答社区实现知识聚合服务关键步骤。运用数据挖掘、人工智能、数理统计、计量学等聚合方法面向用户需求挖掘和发现满足用户知识需求的知识内容，揭示知识之间的关联关系，将符合用户需求的知识内容整合和序化。通过对知识单元之间潜在关联关系的揭示，将具有关联关系的知识单元整合在形成知识体系，进而为后续知识聚合推送、知识导航、知识融合及知识发现等创新型服务提供基础。其中，知识挖掘和聚合组织方法是实现该阶段步骤的关键，需要社会化问答社区不断的创新和优化知识挖掘和聚合组织的方法，运用先进的信息技术和工具提高知识挖掘和关联聚合组织的效果和质量。

（5）知识可视化展示。知识可视化展示是将经过聚合组织的知识内容通过推送、可视化展示、知识图谱、反馈等方式通过服务接口将知识传递给知识需求者。知识资源的可视化展示能够提高知识聚合服务质量和视觉效果，但在需要解决如何在合适时间、合适方式将知识内容提供给知识需求者，实现智能化的知识聚合服务。

（6）知识聚合服务评价和反馈。知识聚合服务评价是服务对象对服务主体提供的知识聚合服务效果的反馈阶段。知识聚合服务对象通过评论、留言或点赞等方式反馈服务效果，知识聚合服务主体依据反馈结果不断地调整知识服务内容和方式，监控知识聚合服务系统内容各要素的运行状态，及时发现知识聚合服务过程中的问题并及时调整，保障知识聚合服务活动的正常运行，以期最大化程度满足用户知识服务需求。

第五节　用户需求驱动下社会化问答社区知识聚合服务体系框架构建

面向用户需求的社会化问答社区知识聚合服务体系框架构建应从系统学视角出发，以提供高质量知识服务为目的，在用户需求驱动下，应用大数据挖掘、人工智能、数理统计、知识图谱等知识挖掘及聚合方法和工具，实现知识筛选、抽取、整合和序化组织、可视化展示等功能，最终实现为用户提供高效和精准化的知识服务。依据社会化问答社区知识聚合服务的组成要素、动因、流程及服务模式，本书设计了社会化问答社区知识聚合服务体系框架，如图4-3所示。该体系框架包括资源层、分析层、聚合层、服务层、服务接口层五个层级模块。

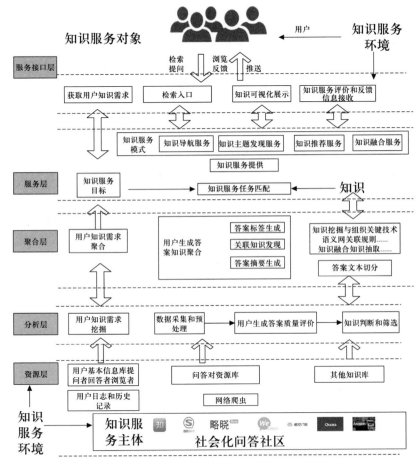

图 4-3　基于知识聚合的社会化问答社区知识服务体系架构

（1）资源层。资源层是构建社会化问答社区知识聚合服务框架的基础层，主要是进行知识资源采集和存储，为知识聚合服务提供资源和基础设施保障。根据用户需求设计网络爬虫从社会化问答社区采集提问者、回答者、浏览者等用户基本注册信息、标签等信息存储到用户基本信息库；采集用户的浏览记录、关注话题和问题、用户搜寻记录、用户提问问题、检索记录等信息存储到用户日志和历史记录库；采集问答社区的问题和答案、发表的文章和日志等存储到问答对知识库；社会化问答社区系统整合和组织、挖掘、共享传递等产生数据资源存储到其他知识资源库。资源层的各个数据库要根据社会化问答社区的动态变化及时更新，保障数据的时效性和有效性。

（2）分析层。分析层主要是面向用户知识需求进行数据资源获取和预处理、完成知识质量评价和筛选。用户知识需求挖掘是通过对用户基本信息、用户历史浏览记录和日志、用户提问问题、构造检索式等数据挖掘和构建用户知识需求模型。然后根据用户知识服务需求从其他知识库和问答对资源库集中采集数据和预处理，知识资源的预处理主要是对知识资源进行规范化处理，去除知识文本中的图片、超链接、特殊标记等，形成规范统一能够用于后续知识评价、挖掘和处理的格式。知识质量评价主要是运用人工标准、自动化评价等方法选取高质量的知识为后续知识挖掘和关联聚合提供保障。

（3）聚合层。聚合层是社会化问答社区知识聚合服务的关键层，主要是实现面向用户需求的知识内容挖掘和关联聚合，需要大数据挖掘、智能信息处理、语义网等知识挖掘和聚合组织技术和方法的支撑。首先，需要以词语或句子为单位对文本分词；其次，将文本表示成能够用于后续挖掘和聚合组织的形式，运用数据挖掘、知识组织、数理统计、语义网等技术方法进行知识挖掘和组织，揭示知识之间的关联，发现新知识内容，实现知识资源聚合及关联发现。本书主要采用标签聚类、关联知识发现和知识摘要生成等方法实现社会化问答社区知识聚合，为后续开展知识聚合服务提供知识资源和技术支持。

（4）服务层。服务层是社会化问答社区知识聚合服务功能设计层，分为知识服务任务匹配和知识服务提供两个步骤。知识服务任务匹配是社会化问答社区依据用户知识服务需求和目标设计选择合适的知识聚合服务模式，筛选和组织符合用户需求的知识。社会化问答社区作为知识聚合服务提供者，在了解和掌握用户知识服务需求后，如何将设计和调整知识聚合服务模式和功能是需要重点考虑的内容。知识服务提供主要是以用户需求为基础，设计满足功能和作用的知识服务体系。社会化问答社区知识聚合服务主要提供知识导航服务、知识发现服务、知识推荐服务和知识融合服务。

1）知识导航服务。知识导航服务主要是实现社会化问答社区知识内容的导航和索引，提高知识组织的效率，减少用户知识搜寻和获取的成本。这就需要社会化问答社区运用知识聚合方法抽取关键的知识内容，进行知识内容的主题分类组织。社会化问答社区也可以采用引导和鼓励用户回答问题生成答案时主动生成答案标签，通过语义关联和内容关联来挖掘有相关联系的标签，是实现资源聚合的有效手段①。因此，基于答案标签聚类进行知识聚合和组织，设计基于答案标签共现的个性化的知识导航和索引服务模式。

2）知识发现服务。知识发现是知识聚合服务的最高目标，是高级形式的知识服务，能够协助用户进行知识创新，实现知识增值。社会化问答社区基于知识聚合提供知识发现服务是运用知识挖掘、人工智能、计量学、语义网等聚合组织方法发现答案文本中的新知识，然后利用发现的新知识提供知识服务的过程。

3）知识推荐服务。知识聚合能够发现知识之间的关联，因此，可以基于知识之间的关联就实现知识推荐服务，为用户推荐相似和关联的知识内容。知识推荐服务能够解决社会化问答社区知识过载问题，减少用户知识检索和搜寻的成本，提高知识获取的效率，是当前社会化问答社区亟需的知识聚合服务方式。

4）知识融合服务。知识融合服务作为创新型知识服务模式，是社会化问答社区基于知识聚合方法将知识内容概括和总结形成知识摘要，利用生成的知识摘要开展服务的过程。知识融合方法主要包括机械抽取式和理解生成式两种方式，知识融合服务一方面能够方便用户进行知识获取和全面了解知识内容，减少用户知识搜寻和获取的成本，另一方面也能够协助用户进行知识发现和创新。

（5）服务接口层。是社会化问答社区与用户的交互层和服务功能实现层，同时也是用户需求获取、知识聚合服务效果反馈接口。社会化问答社区聚合服务功能实现主要是运用可视化技术、知识组织等工具将知识聚合服务内容进行可视化展示，并依据用户兴趣需求主动向用户推送知识内容。用户通过提供的检索入口和服务界面提问、检索、获取和利用知识资源。服务接口层设计要符合用户使用习惯，服务界面要简单易用，使用户能够快速接受和入手。用户交互层作为社会化问答社区知识聚合服务的辅助服务，设计相关的知识交互功能，如即时通信、圈子、论坛等，允许用户将服务资源内容通过分享、转发等功能发布到微博、SNS、微信等，同时也可以实现用户通过评分、点赞等方式评价和反馈知识聚合服务的效果和自身感受，协助社会化问答社区提高知识聚合服务效果和质量。

---

① 陈果，朱茜凌，肖璐.面向网络社区的知识聚合：发展、研究基础与展望［J］.情报杂志，2017，36（12）：193-197+192.

面向用户需求的社会化问答社区用户生成答案质量评价

社会化问答社区知识主要蕴含于用户生成答案中，对于用户生成答案质量评价就是对于社会化问答社区知识质量评价。因此，本章主要针对社会化问答社区答案质量评价开展研究。社会化问答社区具有社会化和开放性的特点，平台上的问题和答案以用户参与生成为主。任何用户都可以随意地提问和回答问题，这使用户生成答案的质量良莠不齐。而且受到提问用户的经验和认知局限，其所采纳的答案未必是最佳答案，有的甚至是恶意的广告或虚假信息，从而使用户在社会化问答社区搜寻、鉴别和获取知识等方面付出了大量的时间和精力，出现"知识过载和迷航"现象，降低了用户知识搜寻和获取的效率，难以获得良好的用户体验。另外，随着社会化问答社区用户规模扩大，用户生成问题和答案数量也越来越多，通过人工方式进行答案质量评价变得困难且效率低下，仅依靠人工审核或标注难以解决当前社会化问答社区面临的问答质量问题。因此，用户生成答案质量自动化评价成为社会化问答社区运营亟须解决的问题。

第一节　问答社区答案质量评价相关研究现状

一、问答社区答案质量评价特征选取

国内外学者尝试从数据质量框架、信息质量评价标准、外部线索等不同角度选取用户生成答案质量评价特征，验证不同特征对答案质量的影响，加入诸如情感、时效等特征维度，并针对不同问答平台进行应用研究，但是仍然没有形成统一的评价标准。

国外方面，Kim 等[①] 研究发现，Yahoo!Answers 用户选取和采纳最佳答案时会考虑社会性情感、内容及效用相关的评价标准，并且不同话题的评价标准也存在差异；Ishikawa 等[②] 构建了包括回答者经验、证据来源、礼貌程度、详细程度、意见、相关性、具体化程度、全面性等 12 个维度的问答社区答案质量评价指标体系。Oh 等[③] 选取信息准确性、完整性、相关性、来源可靠性、回答者同情心、客观性、可读性、礼貌、自信、回答者的努力 10 个指标作为衡量答案质量的评价标准，对比分析不同职业人员对问答社区答案质量的评估差异。Fichman[④] 从准确性、完整性、可证实性 3 个方面对问答社区答案质量评价，发现部分非主流问答网站的答案质量也很高，问题回答质量与问答社区平台自身关系较小。Chua 和 Banerjee[⑤] 研究了回答速度与答案质量之间的关系，发现不同类型问题的回答质量和回答速度之间存在显著差异，最优质的答案比最快的答案有更好的整体回答质量。

国内方面，学者主要从答案的文本、非文本等不同角度选取特征指标构建答案质量评价指标体系。孙晓宁等[⑥] 从内容质量、情境质量、来源质量和情感质量 4 个维度，实证构建了社会化搜索答案质量评价模型。李翔宇等[⑦] 结合专家评分法及三角模糊加权平均 G1 法，构建了 SQA 平台答案质量评测指标体系，并证实了答案质量评测指标体系的科学性。张煜轩[⑧] 结合线索理论基于用户视角，发现信息利用线索、信息认同线索、信息举报线索、信息否定线索、信息能力线索、信息表象线索、系统推荐线索 7 类外部线索对用户感知判断社会化问答社区信息质量产生影响，提出了基于外部线索的社会化问答平台的信息质量感知模型。姜雯等[⑨] 将情感特征引入在线问答社区信息质量评价，从

① Kim S, Oh J S, Oh S. Best-answer Selection Criteria in a Social Q&A Site from the user-oriented Relevance Perspective [J]. Proceedings of the American Society for Information Science and Technology, 2007, 44 (1): 1-15.

② Ishikawa D, Kando N, Sakai T. What Makes a Good Answer in Community Question Answering? An Analysis of Assessors' Criteria [C] //EVIA@ NTCIR. 2011.

③ Oh S, Worrall A, Yi Y J. Quality Evaluation of Health Answers in Yahoo! Answers: A Comparison between Experts and users [J]. Proceedings of the American Society for Information Science and Technology, 2011, 48 (1): 1-3.

④ Fichman P. A Comparative Assessment of Answer Quality on Four Question Answering Sites [J]. Journal of Information Science, 2011, 37 (5): 476-486.

⑤ Chua A Y K, Banerjee S. So fast so Good: An analysis of Answer Quality and Answer Speed in C ommunity Q uestion-Answering Sites [J]. Journal of the American Society for Information Science and Technology, 2013, 64 (10): 2058-2068.

⑥ 孙晓宁, 赵宇翔, 朱庆华. 基于 SQA 系统的社会化搜索答案质量评价指标构建 [J]. 中国图书馆学报, 2015, 41 (4): 65-82.

⑦ 李翔宇, 陈琨, 罗琳. FWG1 法在社会化问答平台答案质量评测体系构建中的应用研究 [J]. 图书情报工作, 2016, 60 (1): 74-82.

⑧ 张煜轩. 基于外部线索的社会化问答平台答案信息质量感知研究 [D]. 华中师范大学, 2016.

⑨ 姜雯, 许鑫, 武高峰. 附加情感特征的在线问答社区信息质量自动化评价 [J]. 图书情报工作, 2015, 59 (4): 100-105.

文本特征、用户特征、时效特征、情感特征 4 个维度评价在线问答社区信息质量；袁红和张莹[①]从信息质量定义出发构建了回答形式、回答内容和回答效用 3 个维度的问答社区答案质量评价指标体系。孔维泽等[②]从基于文本特征、时序特征、链接特征、问题粒度特征和百度知道社区用户特征角度对问答社区答案质量进行评价。罗毅和曹倩[③]引入新的 RIPA 理论，认为用户生成内容的完整性、专业性和权威性 3 个指标是影响社会问答平台答案质量的关键因素。

二、问答社区答案质量评价方法研究

目前，国内外学者一般将答案质量评价视为基于机器学习的分类问题[④]，选取机器学习方法应用于问答社区答案质量评价，例如最大熵、支持向量机、决策树、随机森林、逻辑回归、神经网络等。部分学者采用层次分析、模糊综合评价等传统评价方法，也有部分学者基于构建的评价指标体系进行人工性标注评价，采用人工评价和自动化评价相结合的方法。国外研究方面，部分学者为提高最佳答案的发现和预测精准性，将答案质量评价视为分类问题，通过改进分类算法提高最佳答案发现和预测的精准性和召回率。例如，Jeon 等[⑤]提出基于非文本特征的问答社区答案质量预测方法，实证研究发现比基于基础特征的问答社区答案质量预测具有显著的改进。Shah 和 Pomerantz[⑥]以 Yahoo!Answers 为例，首先采用人工标注评价给定问题的答案质量，通过提取问题、答案和用户的各种特征训练分类器进行最佳答案选取研究。

国内方面，李晨等[⑦]基于给定的问答质量判定标准，通过提取文本和非文本两类特征集，利用机器学习算法设计和实现了基于特征集的问答质量分类器。王伟等[⑧]将结构化特征、文本特征、用户社交属性引入中文问答社区答案质量评价特征体系，然后选取逻辑回归、支持向量机和随机森林 3 种评价方

① 袁红，张莹.问答社区中询问回答的质量评价——基于百度知道与知乎的比较研究［J］.数字图书馆论坛，2014（9）：43–49.

② 孔维泽，刘奕群，张敏，马少平.问答社区中回答质量的评价方法研究［J］.中文信息学报，2011，25（1）：3–8.

③ 罗毅，曹倩.基于 RIPA 方法的社会问答平台答案质量研究［J］.图书情报工作，2015，59（3）：126–133+25.

④ 姜雯，许鑫.在线问答社区信息质量评价研究综述［J］.现代图书情报技术，2014（6）：41–50.

⑤ Jeon J，Croft W B，Lee J H，et al. A Framework to Predict the Quality of Answers with Non–textual Features［C］// Proceedings of the 29th Annual International ACM SIGIR Conference on Research and Development in Information Retrieval，2006：228–235.

⑥ Shah C，Pomerantz J. Evaluating and Predicting Answer Quality in Community QA［C］//Proceedings of the 33rd International ACM SIGIR Conference on Research and Development in Rnformation retrieval，2010：411–418.

⑦ 李晨，巢文涵，陈小明，李舟军.中文社区问答中问题答案质量评价和预测［J］.计算机科学，2011，38（06）：230–236.

⑧ 王伟，冀守强，王洪伟，郑丽娟.中文问答社区答案质量的评价研究：以知乎为例［J］.图书情报工作，2017，61（22）：36–44.

法，结合新设计的 3 个方面特征和经典的文本特征、链接特征，对高质量和非高质量的回答进行分类研究。崔敏君[①] 等基于问题类型提取文本、非文本、语言翻译性、答案中的链接数 4 类特征，采用逻辑回归算法对各类型问题的答案质量进行评价。胡海峰[②] 从答案的文本信息和非文本信息的特征表示与融合两方面入手，针对社区问答系统用户生成答案质量评价方法开展研究。

三、研究述评

通过梳理已有的研究成果不难发现，当前国内外主要是采用单一特征或多个特征指标组合的方式构建用户生成答案质量评价指标体系，但是构建的评价指标体系存在不够全面、没有统一标准、部分指标具有主观性和模糊性、难以进行量化和判断等问题。很少有研究考虑用户社会情感特征对答案质量评价的影响，也没有考虑用户需求、兴趣爱好、认知水平等个体差异性特征，缺乏形成面向用户需求的个性化评价指标体系。学者将答案质量评价看作是机器学习分类问题，运用 SVM、随机梯度增强、决策树、最大熵、逻辑回归、贝叶斯、J48 等方法，均取得了良好的实验效果。虽然目前存在大量的针对答案质量自动化评价研究，但是较少有学者采用神经网络方法进行评价，并且没有对比其与其他方法有效性和准确性上的差异。

鉴于此，本章节拟结合前人的研究成果，从用户需求角度构建用户生成答案质量自动化评价指标体系，试图解决评价指标模糊化、不够全面、缺乏个性化等问题，并将答案质量自动化评价看作是机器学习问题，选取了机器学习中典型方法遗传算法优化 BP 神经网络模型，基于构建的用户生成答案质量自动化评价指标体系开展实证应用研究，提出一种社会化问答社区用户生成答案自动化评价方法。

第二节　用户生成答案质量评价指标体系构建

一、评价指标的初步选取

Garcia-Gomez 等[③] 在分析答案质量评价指标的基础上，认为用户在评价答

---

① 崔敏君，段利国，李爱萍. 多特征层次化答案质量评价方法研究［J］. 计算机科学，2016，43（1）：94-97+102.

② 胡海峰. 用户生成答案质量评价中的特征表示及融合研究［D］. 哈尔滨工业大学，2013.

③ García-Gómez J M，de La Torre-Díez I，Vicente J，et al. Analysis of Mobile Health Applications for a Broad Spectrum of Consumers：A User Experience Approach［J］. Health Informatics Journal，2014，20（1）：74-84.

案质量过程中受到多方面因素的影响，一般情况下需要考虑答案文本内容质量、回答者质量、时效性，大部分研究也证实了这 3 类特征对答案质量的影响。然而，社会化问答社区作为开放的社交类网站，用户在筛选和评价答案过程中，也会考虑其他用户对于答案质量的评价情况（如点赞、转发、评论等），容易受到周围的人际关系、社区意见领袖、交流互动等因素影响，问答社区中意见领袖能够影响其他用户的认知，他们的答案能够获得较多粉丝的支持和赞同①。而且，回答者的回答情感态度和积极程度也会影响用户采纳答案。所以，本书将用户对于答案的社会情感态度特征引入答案质量评价。另外，社会化问答社区不同的用户受到认知、需求和兴趣爱好等自身特征影响，对于答案质量评价拥有不同的标准和要求。因此，答案质量评价过程中还需要考虑用户自身的特征，使筛选的答案更满足用户个性化需求。

所以，本书将用户社会情感和用户自身特征引入答案质量评价，将用户生成答案质量评价指标分为 5 个维度，分别是答案文本特征维度、回答者特征维度、时效性维度、用户特征维度和社会情感维度。然后通过阅读和综述大量的有关于信息质量评价文献，并在信息系统成功模型、使用与满足理论、数据质量框架②等理论研究的基础上，初步选取了 24 个评价指标，如表 5-1 所示。

表 5-1　用户生成答案质量自动化评价指标初步筛选结果

维度	指标	解释及说明	主要参考文献来源
答案文本特征	文本长度	答案文本包含的字符数。答案文本的长度越长，答案越丰富和完整	[13][20—26]
	关键词数量	答案文本中包含的关键词数量	[17][22][24]
	句子数量	答案文本中包含的句子数量	[24]
	停用词数	答案文本中包含的通用词数量，停用词数量越少，质量越高	[22]
	问题与答案耦合度	提问问题与答案之间的重叠部分，文本长度之比	[23][25—28]
	外部链接数量	答案文本中包含的超链接的数量	[29]
	段落数	答案文本的段落数	[27]
	问题答案长度比	问题长度与答案长度的比值	[23]

① 王伟，冀宇强，王洪伟，郑丽娟．中文问答社区答案质量的评价研究：以知乎为例［J］．图书情报工作，2017，61（22）：36-44.

② Wang R Y, Strong D M. Beyond Accuracy: What Data Quality Means to Data Consumers［J］. Journal of Management Information Systems, 1996, 12（4）: 5-33.

续表

维度	指标	解释及说明	主要参考文献来源
回答者特征	最佳答案数量	回答者的所有答案中被选为最佳答案的数量	［22—23］［29—30］
	回答问题数量	回答者的所有回答的数量，表明回答者的经验和参与积极性	［22—23］［29—30］［15］
	用户权威性	回答者的社区等级（积分），表明专业程度和影响力	［13］［29—30］［31］
	提问数量	回答者提问问题的数量	［29—30］
时效性	答案的相对回答次序	答案在所有答案中的相对位置	［22—23］［26］［15］
	答案与问题生成间隔时间	回答时间与提问时间的间距	［23］［26］［32］［13］
用户特征	用户学历水平	提问者的专业水平和学历程度	［25］［29］［15］［33］
	用户提问数量	提问者以往提问问题的数量	［25］［29］［15］［33］
	用户偏好与答案耦合度	用户的习惯，个人偏好信息需求与答案的关联性	［25］［29］［15］［33］
	用户等级	提问者的权威性和影响力	［13］［21］［29］［15］［33］
社会情感	情感特征词数量	答案文本中包含的情感词的数量	［13］
	回答者情感态度	答案文本呈现出的回答者情感态度倾向性	［24］［13］
	赞同数量	答案被赞同／支持的数量	［22—23］［16］
	反对数量	答案被反对／踩的数量	［22—23］
	评论互动数量	答案被评论的数量	［29］［15—16］［32］
	关注关系	回答者与提问者的好友关系	自设

初步选取社会化问答社区用户生成答案质量评价指标后，笔者采用专家访谈方法修正相关表述，重点从指标的合理性、完整性两个角度听取专家的意见，探讨评价指标维度划分和选取是否合理、指标名称是否恰当、是否存在模糊性、难以测量等问题，消除指标的歧义和模糊性，初步实现指标的规范化筛选。最后依据专家的建议和反馈，形成用户生成答案质量自动化评价指标，如图5-1所示。具体的修正如下：

（1）删除回答者特征维度的"回答者提问问题数量"，因为回答者提问

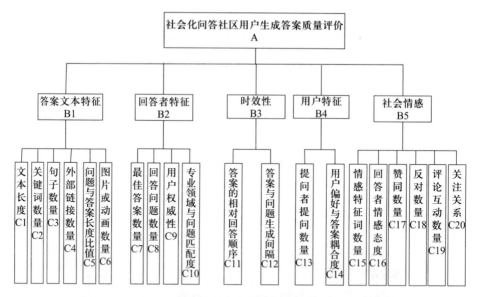

图5-1 社会化问答社区用户生成答案质量评价指标初选结果

问题的数量体现了回答者需求，不能体现回答者生成答案的能力和经验水平，对于回答者生成答案质量影响不够明显。删除答案文本特征中的"停用词数量""段落数""答案与问题的耦合度"三个指标，因为答案文本的停用词数应该是答案文本长度减去关键词数量，指标之间存在重复性。答案文本特征中"段落数"不能够体现答案质量，对答案质量的影响较小。另外，"答案与问题耦合度"和"用户偏好与答案耦合度"重复，用户提问问题是用户需求与偏好的体现，所以删除答案文本特征中的"停用词数量""段落数""问题与答案的耦合度"三个指标。删除用户维度的"用户学历水平"指标，因为用户学历水平对用户判断答案文本质量影响较小。

（2）评价指标因素的补充。答案文本维度增加"图片或动画数量"指标，由于移动互联网环境下，很多用户乐于通过图片或动画来理解或掌握知识，并且图片或动画包含的信息量大，能够使用户易于理解和掌握答案内容。所以，用户生成答案中的图片或动画的数量影响答案质量。回答者特征维度补充"专业领域与问题的匹配度"指标，体现回答者的专业程度和对于问题的了解熟悉程度。

二、用户生成答案质量评价指标体系实证分析

1. 问卷设计和发放

调查问卷主要是对社会化问答社区用户生成答案质量的测量，采用陈述句

的方式表达各个评价指标对于答案质量测量的可行性和合理性。通过网络和实地发放的形式，总计回收调查问卷 610 份，其中有效问卷 580 份，将获取的调查问卷随机分为两部分（每部分样本数量 290 份），分别用于 EFA（探索性因子分析）和 CFA（验证性因子分析）。

通过对获取的调查样本数据信度检验发现 5 个维度的 Cronbach's α 的值均大于 0.8，总体样本的信度为 0.846，说明调查样本获取的数据信度好，具有很好的可靠性。但是删除指标"问题与答案长度比值 C5""关注关系 C20"后，"答案文本特征 B1"和"社会情感 B5"的信度明显提高，问卷总体信度也会明显提高，说明指标"问题与答案长度比值 C5"和"关注关系 C20"没有通过信度检验，应该予以删除。然后进行 KMO 和 Bartlett 球形检验，分析发现 KMO=0.818，Bartlett 球形检验近似卡方显著性 Sig.<0.001，说明相关矩阵中存在公因子，样本整体的效度很好，适合进一步做因子分析。

2. 探索性因子分析

本书采用主成分分析法进行 EFA，发现抽取到 5 个公因子时累积方差贡献率达到了 55.051%。运用最大方差进行因子旋转，迭代 10 次后收敛循环，得到旋转因子矩阵。结果如表 5-2 所示。

表 5-2 旋转因子矩阵

变量	公因子				
	1	2	3	4	5
C1	0.617	0.028	0.166	0.026	0.067
C2	0.593	0.163	0.059	0.029	0.08
C3	0.693	0.126	−0.121	0.056	0.179
C4	0.581	0.124	0.041	0.196	−0.097
C6	0.633	−0.057	0.2	0.035	−0.072
C7	0.044	0.112	0.732	0.037	0.184
C8	0.182	0.058	0.71	0.17	0.078
C9	0.053	0.393	0.701	0.089	0.007
C10	0.161	0.265	0.584	0.154	0.112
C11	0.063	0.274	0.19	0.168	0.587
C12	0.199	0.372	0.009	0.116	0.698
C13	0.12	0.804	0.271	0.112	0.054
C14	0.131	0.763	0.212	0.206	−0.001

续表

变量	公因子				
	1	2	3	4	5
C15	−0.023	0.5	0.105	0.472	0.496
C16	0.179	0.323	0.072	0.698	0.038
C17	−0.064	−0.043	0.389	0.487	0.396
C18	−0.029	−0.137	0.147	0.653	0.213
C19	0.247	−0.009	0.124	0.694	0.235

从表 5-2 中可以得出，评价指标变量"情感特征词数量 C15"在公因子 2、公因子 4、公因子 5 上的载荷因子很接近，差别不是很明显，效度很差，应该予以删除。公因子 1 解释了 C1、C2、C3、C4 和 C6 共 5 项指标变量，对应了答案文本特征维度的全部指标；公因子 2 解释了 C13 和 C14 共 2 项指标变量，对应用户特征维度的全部指标；公因子 3 解释了 C7、C8、C9 和 C10 共 4 项指标变量，对应了回答者特征维度的全部指标；公因子 4 解释了 C16、C17、C18 和 C19，对应社会情感维度的除 C15 之外的 4 个指标；公因子 5 仅包含了 C11、C12 这两个指标变量，对应时效性维度指标。这与我们前边初步假设的维度一致，说明本书将用户生成答案质量的评价指标分为 5 个维度较为合理，后续笔者将进一步结合 CFA 的检验结果进行修正。

3. 验证性因子分析

采用结构方程模型软件 AMOS17.0 软件进行验证性因子分析（CFA），利用另外一部分样本数据（290 份）进一步检验指标的有效性，共设置了 17 个观察变量、5 个潜在变量、17 个残差变量。采用最大似然估计方法，观测变量与其对应潜在变量之间的载荷关系系数估计，如表 5-3 所示。

表 5-3　观测变量与其对应潜在变量之间的载荷关系系数估计

对应关系	非标准化值	标准化估计值	S.E	C.R.	P	是否支持
C1 ←答案文本特征	1	0.560				支持
C2 ←答案文本特征	0.970	0.507	0.152	6.394	***	支持
C3 ←答案文本特征	1.289	0.638	0.174	7.401	***	支持
C4 ←答案文本特征	1.425	0.757	0.180	7.896	***	支持
C6 ←答案文本特征	1.012	0.512	0.157	6.444	***	支持
C7 ←回答者特征	1	0.589				支持

续表

对应关系	非标准化值	标准化估计值	S.E	C.R.	P	是否支持
C8 ←回答者特征	0.946	0.616	0.122	7.753	***	支持
C9 ←回答者特征	1.185	0.751	0.137	8.646	***	支持
C10 ←回答者特征	0.776	0.641	0.097	7.962	***	支持
C11 ←时效性	1	0.727				支持
C12 ←时效性	1.027	0.707	0.138	7.449	***	支持
C13 ←提问者特征	1	0.875			***	支持
C14 ←提问者特征	0.917	0.831	0.080	11.466	***	支持
C16 ←社会情感	1	0.607				支持
C17 ←社会情感	1.324	0.590	0.186	7.113	***	支持
C18 ←社会情感	0.854	0.383	0.162	5.259	***	不支持
C19 ←社会情感	1.279	0.674	0.168	7.609	***	支持

　　根据一般性的经验法则，如果 C. R. 绝对值大于 2.58，表示模型的参数估计值达到了 0.01 显著水平，路径系数获得数据的支持；当 P 值小于 0.001 时，显示"***"，表示模型达到了 0.001 的显著水平。[①] 从表 5–3 可以得出，评价指标体系显著性检验中"反对数量 C18"的标准化载荷因子估计值小于 0.5，说明该指标没有通过效度检验，应该予以删除。然后，利用 AMOS 提供的模型拟合度评价指标来评价构建的评价指标体系的合理性，根据各指标的检验标准，发现相关指标检验结果均在可接受的范围之内，总体上构建的评价指标体系基本达到了检验的要求。当删除观测变量 C18 后，发现模型的绝对适配度指标 χ^2 值由 186.125 减小到 150.568，CMIN/DF 值由 1.708 减小到 1.602，说明模型的绝对适配度性能提高，所以，更加进一步证实删除指标 C18，能够提高构建的评价指标体系合理性。

三、评价指标的修正和确立

　　采用探索性因子分析和验证性因子分析等实证分析后，综合考虑 EFA 和 CFA 的检验结果，由于答案文本维度的"问题与答案长度比值 C5"获取数据未通过信度检验，而且与"文本长度 C1"之间存在一定的重复性，所以将其删除；"关注关系 C20"也没有通过信度检验，所以也将其删除；对社会情感维度的"情感特征词数量 C15"进行主成分分析时，载荷因子在多个公因子上

---

① 吴明隆 . 结构方程模型——AMOS 的操作与应用［M］. 重庆：重庆出版社，2009：52–53.

的差别不是很明显，效度很差，而且与"回答者情感态度倾向"之间存在相关性，所以应该予以删除。另外，对指标"反对数量C18"进行载荷系数检验时，其载荷系数小于 0.5 不符合显著性检验标准，同时删除后模型整体的适配度和同维度指标的载荷系数得到明显提升，所以将其删除。综上所述，最终选取的社会化问答社区用户生成答案质量自动化评价指标包括 5 个维度、16 个指标，如图 5-2 所示。

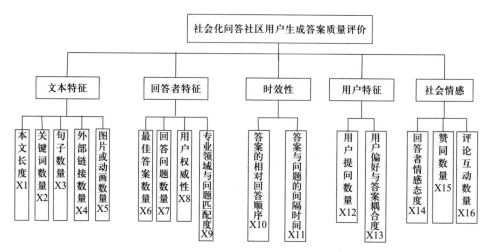

图 5-2   社会化问答社区用户生成答案质量自动化评价指标体系

第三节   基于 GA-BP 神经网络的用户生成答案质量自动化评价

一、评价指标的获取方式和量化

社会化问答社区用户生成答案质量自动化评价是计算机运用算法程序自动化实现评价，也需要实现评价指标的自动量化。运用 GooSeeker 软件爬虫程序直接采集数据和文本信息，借助 Jieba 分词工具、Hownet 情感词典、文本处理技术等工具方法，编写 Python 程序和 Matlab 程序实现指标的统计和量化。

（1）文本特征维度指标获取方式和量化。包括：①文本长度，可以直接采用答案文本的字符数进行量化。一定的阈值范围内，通常认为答案文本长度越长，所包含的有用信息越多，越能够更好地满足用户知识需求，从而答案质量越高。②关键词数量，可以采用答案文本中含有的除停用词外的词频统计数值进行量化。将总词频数量减去停用词词频数量得到关键词数量。③句子数量，采用文本中出现句号、问号等表示句子结束符号的次数进行量化。④外部链接数量，是指答案文本中出现的参考来源和答案扩展链接，可以采用答案文本中出现的超链接的数量直接统计量化。⑤图片或动画数量，直接通过答案文本中图片或动画数量统计得到。

（2）回答者特征维度指标获取方式和量化。包括：①最佳回答数量。采用问答者回答所有答案中被采纳为最佳答案的数值进行量化，也可以采用被采纳为最佳答案率进行量化。知乎问答社区回答者被知乎日报或知乎圆桌收录的回答数量，可用于量化最佳答案数量。②回答问题数量，采用用户回答的所有问题数量进行量化。③用户权威性，采用回答者的用户等级或积分直接进行量化。用户等级或积分越高，表示用户获得问答社区认可度越高，影响力和权威性越大的可能性越高。④专业领域与问题匹配程度，如果专业领域与问题领域匹配，则为1，不匹配的话为0。

（3）时效性维度指标获取方式和量化。包括：答案的相对回答顺序是指同一问题下，答案按照回答时间进行排序，当前答案在所有答案回答时间的顺序位置。采用以下的方式量化：

$$答案相对回答顺序 = \frac{答案回答的时间顺序}{所有答案个数} \tag{5-1}$$

答案与问题的生成间隔可以采用回答日期与提问日期之间的天数差值来进行数值量化。同时为了避免数值过大造成偏差，运用分组的方法进行消除。经过问卷调查和访谈后，天数差值的取值范围和量化10分制数值如表5-4所示。

表5-4　答案与问题的生成间隔时间数值量化对应

天数差值	量化数值	天数差值	量化数值
［0—1）	10	［14—30）	5
［1—3）	9	［30—90）	4
［3—5）	8	［90—180）	3
［5—7）	7	［180—360）	2
［7—14）	6	360天及以上	1

（4）用户维度指标获取方式和量化。包括：①提问者提问数量。一般社会化问答社区用户基本信息中都包括提问者的提问问题数量，直接采用爬取数值方式进行量化。例如，知乎用户基本信息中包括"提问数"这个信息，可以直接根据提问数的数值进行量化。②用户偏好与答案耦合度。运用答案文本和用

户偏好两个向量之间的相似度大小来进行量化，本书认为，问题是用户知识需求的最直接体现，可以采用问题与答案文本之间的相似度进行度量。

（5）社会情感维度指标获取方式和量化。包括：赞同数量、评论互动关系可以运用爬取数据进行直接量化；回答者情感态度包括正向情感、负向情感、中立三种极性，采用答案文本中出现的情感词数量来量化回答者情感态度。以情感基础词典为标准对答案文本进行情感特征词的数量统计，以实际统计词语数量为量化数值；采用答案下方评论数量化评论互动数量。

二、基于 GA-BP 神经网络的用户生成答案质量评价方法

BP 神经网络是一种利用误差反向传播训练算法的神经网络，也是应用最广泛的人工神经网络算法，包括输入层、隐层和输出层 3 层结构。标准 BP 神经网络通过有监督的学习方式进行学习和训练，采用误差函数按梯度下降的方法学习，使网络的实际输出值和期望输出值之间的均方误差最小 [①]。虽然 BP 神经网络已经被广泛地应用于各个领域，但是存在易陷入局部极小值、不能保证收敛到全局最小点、收敛速度慢、训练时间过长等问题。然而，遗传算法（Genetic Algorithm，GA）用概率化的寻优方法，自动获取和指导优化搜索空间，自适应地调整搜索方向，不需要确定的规则，具有很强的全局搜索能力和全局优化性能 [②]。遗传算法具有较好的全局搜索能力，容易得到全局最优解，很好地克服 BP 算法局部最优缺陷，且能够优化 BP 神经网络初始权重和阈值。因此，选用遗传算法优化 BP 神经网络（简称"GA-BP 神经网络"），能够使 BP 神经网络的收敛速度加快，提高网络的预测精度和稳定性。

社会化问答社区用户生成答案质量受 5 个维度 16 个特征因素的影响，其答案质量自动化评价结果很难用数学解析式来表示，属于典型的非线性问题。然而，BP 网络作为多层前馈型网络，具有强大的非线性映射能力，它能够模拟分析 5 个维度 16 个评价指标因素之间的非线性关系，可以实现非线性分类和预测，通过反复的学习训练之后可以充分地逼近任何较为复杂的非线性关系。另外，GA-BP 神经网络算法已经被广泛地应用于其他领域，并取得了丰硕的研究成果，拥有较好的理论和实践基础，能够使社会化问答社区用户生成答案质量评价方法更具有客观性和合理性。因此，本书采用遗传算法改进 BP 神经网络来实现社会化问答社区用户生成答案质量自动化评价。训练 BP 神经网络前先用遗传算法对 BP 神经网络的初始权值和阈值进行寻优，缩小搜索范

---

① 朱双东. 神经网络应用基础［M］. 沈阳：东北大学出版社，2000.

② Tang H，Wu E X，Ma Q Y，et al. MRI Brain Image Segmentation by Multi-resolution Edge Detection and Region Selection［J］. Computerized Medical Imaging and Graphics，2000，24（6）：349-357.

围之后，再利用 BP 神经网络算法进行自动化评价。

基于 GA-BP 神经网络的社会化问答社区用户生成答案质量评价过程如图
5-3 所示。

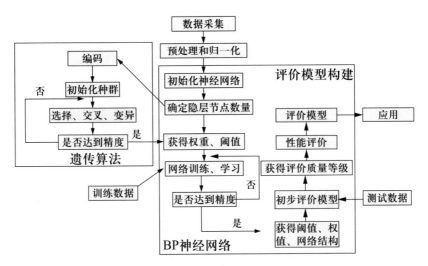

图 5-3　社会化问答社区用户生成答案质量自动化评价过程

1. 指标特征提取量化和归一化处理

首先，运用自动爬虫采集软件 GooSeeker 软件自动化爬取数据，采用指标
量化方法提取各个评价指标特征。由于提取到的样本数据中各个指标量化值拥
有不同的数量级，而且相互之间存在差距。在运用 GA-BP 神经网络计算与评
价时，如果数据之间的差别过大，容易导致网络的权重也有同样数量级的差
别，致使构建的网络非常"敏感"。为了确保 BP 神经网络的训练速度和精度，
避免因为数据过大或者过小造成误差，需要将采集到的数据进行归一化处理。
本书采用"S"形函数作为激活函数，"S"形激活函数的值域限制在 [-1，1]，
所以采集到样本数据需要归一化到区间 [-1，1]，采用 premnmx 函数对提取
到的样本数据进行归一化处理，如式（5-2）和式（5-3）所示：

$$PN = \frac{2（p-\min p）}{\max p-\min p}-1 \qquad （5-2）$$

$$TN = \frac{2（t-\min t）}{\max t-\min t}-1 \qquad （5-3）$$

其中，p 和 t 分别表示输入数据和输出数据值，min p 和 max p 分别表示
输入数据的最小值和最大值，min t 和 max t 分别表示输出数据的最小值和最
大值。

2. 初始化 BP 神经网络

（1）输入层、输出层确定。Kolmogorov[①] 定理证明 BP 神经网络中采用 1 层隐层网络就能够以任意精度去逼近任意映射关系。因此，为了简化模型的复杂度和提高 GA-BP 神经网络的学习速度与效率，本书将社会化问答社区用户生成答案质量评价模型网络结构设置为 3 层，仅包括 1 层隐层。社会化问答社区用户生成答案质量评价的 5 个维度 16 个指标作为 GA-BP 神经网络的输入层，即 GA-BP 神经网络的输入层神经元个数为 16 个。输出层输出的结果反映社会化问答社区用户生成答案质量的高低，所以输出层的神经元个数为 1。

部分研究中采用人工标注方式对答案质量等级进行标注并作为输出变量，将答案质量等级分为非常低、低、一般、高、非常高 5 个等级，但是人工标注可能与用户真正需求存在差异。为了体现出用户信息需求的差异性，本书将用户选取的最佳答案定义为最高级，然后计算其余答案文本与最佳答案之间的相似度，依据相似度将答案质量进行等级划分，如表 5-5 所示。如果没有最佳答案，则选择赞同 / 支持票数最多的答案为最佳答案。

表 5-5　答案文本质量等级划分

答案文本之间相似度	答案质量等级	量化分数（相似度 ×10）
[0, 0.2)	非常低	[0, 2)
[0.2, 0.4)	低	[2, 4)
[0.4, 0.6)	一般	[4, 6)
[0.6, 0.8)	高	[6, 8)
[0.8, 1.0)	非常高	[8, 10)

（2）隐层节点数量确定。本书选取试凑法确定 BP 神经网络的隐层节点数量。在 BP 神经网络中其他参数值保持不变的情况下，使用同一样本集进行训练，通过调整隐层神经节点的数目重复测试，选取 MSE 取最小值的节点数量作为最佳隐层神经元节点的数目。采用式（5-4）计算方法，得到一个粗略的估计值作为初始值，再用试凑法确定最佳隐层节点数。

$$n_1 = \sqrt{n+m} + a \tag{5-4}$$

其中，n_1 为隐层节点个数，n 为输入层节点数，m 为输出层节点数，a 为 1-10 之间的常数。

（3）初始化函数设定。BP 神经网络中的函数包括传递函数、学习函数和

① Jemeı S, Hissel D, Péra M C, et al. On-board Fuel Cell Power Supply Modeling on the Basis of Neural Network Methodology [J]. Journal of Power Sources, 2003, 124（2）: 479-486.

性能函数。

传递函数通常使用"S"形对数或正切函数，由于本书将输入输出数据都归一化处理到［-1，1］范围内，符合使用 Sigmoid 型正切函数对于数值区间的取值要求，所以传递函数选取隐层传递函数 Tansig 和输出层传递函数 Logsig。采用带有动量梯度下降法作为网络的训练方法，学习函数采用 Learngdm 函数，这个学习函数可以采用输入、误差、权重及阈值的学习率和动量常数来计算权重或者阈值的变化率，训练函数选择 Traingdm 函数。

（4）初始化权重和阈值确定。采用遗传算法优化 BP 神经网络初始化权值和阈值的方法如下：

1）个体编码，生成初始的种群。采用实数编码方式对个体进行编码。编码串由隐层与输入层连接权值、输出层与隐层连接权值、隐层阈值、输出层阈值。将网络的权值和阈值按照一定的顺序级联起来，形成一个实数数组，作为遗传算法的一个染色体。编码的长度如式（5-5）所示。在连接权值和阈值范围内，产生种群 M 个染色体构成初始群体。由于种群的规模对遗传算法的全局搜索性能有很大的影响，因此，种群的规模要根据具体的问题选取合适的数量。

$$S = n \times n_l + n_l \times m + n_l + m \qquad (5\text{-}5)$$

其中，S 为种群的规模，n_l 为隐层节点个数，n 为输入层节点个数，m 为输出层节点个数。

2）适应度函数的设定。遗传算法进化搜索过程以适应度函数为依据，利用种群中每个染色体的适应度值搜索，适应度值较高的个体遗传到下一代的概率较大。将适应度函数设定为 BP 神经网络误差 MSE 的倒数，当该适应度函数为最大值时 BP 神经网络的权重和阈值得到最优化，如式（5-6）所示：

$$f(i) = \frac{1}{MSE_i} \qquad (5\text{-}6)$$

其中，$f(i)$ 表示第 i 条染色体的适应度值；MSE 为 BP 神经网络的预测输出与期望输出之间的误差平方和。

3）个体的选择。选择操作采用排序方法，按照个体适应度值的大小由小到大排列，最小适应度值的个体对应的序号为 1，最大适应度值的个体对应序号为 M。然后根据个体的适应度值的大小，按照适应度比例选择法计算个体的选择概率。概率值计算如式（5-7）所示：

$$P_i = \frac{f_i}{\sum_{i=1}^{m} f_i} \qquad (5\text{-}7)$$

其中，f_i 为个体 i 的适应度值；m 为种群个体数目。

4）交叉操作和变异操作。交叉操作采用单点交叉，最优个体没有交叉操作，而是直接复制进入下一代。对于其他个体，则使用交叉概率 p_c 表示对 2 个个体交叉操作，产生另外 2 个新个体的概率。同样，最优个体也没有进行变异操作，而是直接复制到下一代。变异操作采用均匀变异，对于其他的个体，则是用变异概率 p_m 进行变异操作，产生出另外新的个体。然后计算当前全体中每个染色体的适应度值，找出当前最优适应度值的个体，反复迭代，直到满足条件为止。

5）循环操作步骤 2）～ 步骤 4），直到训练目标达到设置要求或者迭代的最大次数为止，获得 BP 神经网络的初始权值和阈值。

3. GA-BP 神经网络的训练过程

将 GA–BP 神经网络方法学习训练应用于社会化问答社区用户生成答案质量评价，就是将实际输出的答案质量评价等级值 y 和期望质量评价等级值 Y 值进行比较分析，如果实际输出答案质量评价等级值和期望答案质量评价等级值不相等，那么会根据相关误差计算公式得到误差，然后把误差信号按照原来的路径进行反向传输，利用输入不同的样本数据进行学习和训练分别得到输入层和隐层、隐层和输出层之间的权重系数，从而使误差 MSE 值越来越小。一直到误差小于设定的阈值或最大训练次数，然后停止训练。GA–BP 神经网络经训练和学习后得到评价网络模型的权值和阈值、结构和隐层节点个数，形成社会化问答社区用户生成答案质量评价模型。然后，输入测试集样本数据，利用此评价模型自动化评价。输出层会输出实际效用值 y，将 y 利用函数 Postmnmx 函数将其还原成真实值得到该答案质量评价结果，从而完成答案质量评价。

第四节　应用研究——以"知乎"网站为例

一、数据采集和预处理

本书选取知乎网的问题"如何评价华为 Mate 10 & Mate 10 Pro？"下方的答案文本作为质量评价方法应用对象。该问题截至 2018 年 1 月 20 日拥有 494 个回答文本。采用 GooSeeker 软件采集该问题情境下问题提问者或浏览者、回答者、答案文本的相关数据。采用本章第三节的方法量化各个指标。指标量化过程中发现，由于知乎问答社区用户不存在等级和权威，本书采用关注者数量量化，认为用户关注者数量越多，用户的权威性越强；知乎问答社区回答者用户也不存在最佳答案数量，采用回答者被《知乎日报》和知乎圆桌收录的问题数量量化最佳答案数量，认为回答者答案被知乎日报或者知乎圆桌收录，说明该答案具有权威性和代表性，可以认定为最佳答案。

　　由于本书需要考虑不同的用户需求对答案文本质量的影响，所以选取 10 位 18~35 周岁的经常使用知乎 APP 的用户作为调研对象，编号为用户 1~用户 10，从用户感知角度利用十分制的方法人工标注答案质量等级，没有确定的评价标准，仅凭用户主观判断标注答案质量等级。另外，由于本书仅选取一个提问问题进行应用研究，所以，用户提问数量为相同值，对于输出没有影响，可以不予考虑，只用于多个用户之间的比较分析。按照一般性的经验要求，神经网络模型构建时，样本选择需要符合二八定律，即训练样本数为总样本数的 80%，测试样本数为总样本数的 20%。所以，分别将编号前 400 的评论作为训练样本，编号 401~编号 494 的 94 条评论作为测试样本。

二、答案质量评价方法应用分析

1. 不同算法的比较分析

　　首先，将上述采集到数据运用标准 BP 神经网络、SVM、最大熵、GA-BP 神经网络四种方法对比分析。采用 Matlab2015a 作为软件平台，利用神经网络工具箱函数、遗传算法工具箱编程实现 BP 神经网络和 GA-BP 神经网络效用评价方法的构建、训练和仿真，同样也实现 SVM、最大熵算法。选取文本特征维度、回答者特征维度、时效性维度的指标作为基本特征（baseline），以用户 1 数据样本为基础针对基准特征进行测试。利用准确率 P 和平均误差值 M 来测量各类算法的准确性和性能。准确率 P 是指测试样本集中能够准确判断评价的样本数量所占的比例，当分类实际值与期望值差值绝对值控制在 0.3 以内可以认为准确，准确率 P 越高说明该方法判断的准确性越强；平均误差值 M 用每个测试样本误差绝对值之和求平均进行表示，平均误差值越小，表示模型的精确度和合理性越强。结果如表 5-6 所示。可以发现 GA-BP 神经神经网络算法的评价效果要好于其他分类算法，准确率较高，误差相对较低，可以应用于用户生成答案质量评价。

表 5-6　不同分类算法的分类结果

评价方法	准确率 P（%）	平均误差 M
标准 BP 神经网络	65.15	0.66
最大熵	62.77	0.76
SVM	63.83	0.69
GA-BP	70.15	0.58

2. GA-BP 神经网络的应用研究

通过设置参数和函数构建基于 GA–BP 神经网络的社会化问答社区用户生成答案质量评价模型，分别对比分析基于基准特征加入用户特征维度、社会情感特征后对评价结果的影响。GA–BP 神经网络采用 3 层的网络结构，由于不考虑用户提问问题数量指标特征，所以输入层的神经元个数为 15。隐层节点数量采用实验试凑方法对隐层神经节点数量进行确定，发现当隐层节点个数为 10 时，MSE 的值最小，所以将隐层节点个数设置为 10。学习率 μ=0.01，最大训练次数为 100 次，目标误差为 0.01。将编号 1~ 编号 400 的答案文本特征数据作为训练样本，将编号 401~ 编号 494 的样本作为测试样本。利用遗传算法进行优化得到 BP 神经网络最优的初始值和阈值，设置定义遗传算法参数初始化种群数量为 40、最大遗传代数 MAXGEN=80、采用实数编码染色体长度 121、交叉概率为 px=0.2、变异概率为 pm=0.1。然后将遗传算法优化后得到的权值和阈值带入 BP 神经网络，重新进行训练，分别对 10 位用户编号 401~ 编号 494 的测试样本进行评价验证。实验发现 10 位用户的训练样本采用 GA–BP 神经网络均在 100 步以内停止迭代达到目标误差 0.01。以用户 1 为例，用户 1 的训练样本采用 GA–BP 神经网络方法，选取"基准特征＋用户特征＋情感特征"为输入，当遗传算法迭代代数在 40 次以内时寻到最优值，如图 5–4 所示；BP 神经网络运行 11 次后停止迭代达到目标误差 0.01，如图 5–5 所示。用户 1 的测试样本的期望值和实际输出值的结果，如图 5–6 所示。

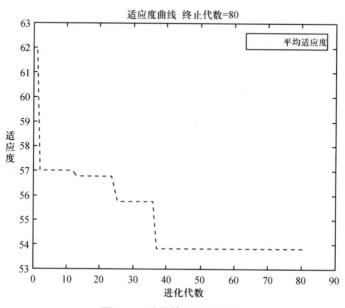

图 5–4　遗传算法迭代次数

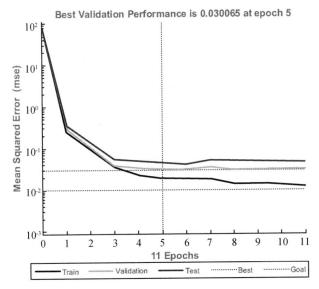

图 5-5　GA-BP 神经网络训练过程

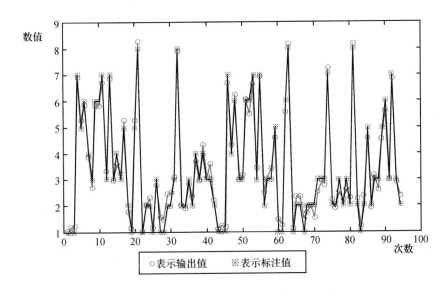

图 5-6　用户 1 标注值与实际输出值的对比

分别基于 GA-BP 神经网络评价方法，当输入特征为"基准特征、基准特征 + 用户特征、基准特征 + 社会情感特征、基准特征 + 用户特征 + 社会情感特征"时用户 1~ 用户 10 的测试样本的准确率 P 与平均误差 M，如表 5-7 所示。

表 5-7 GA-BP 神经网络模型效用评价准确率 P 和平均误差 M

用户编号	基准特征		基准特征 + 用户特征		基准特征 + 社会情感特征		基准特征 + 用户特征 + 社会情感特征	
	准确率 P（%）	平均误差 M（%）	准确率 P（%）	平均误差 M（%）	准确率 P（%）	平均误差 M（%）	准确率 P（%）	平均误差 M（%）
用户 1	69.15	0.58	71.28	0.64	72.34	0.66	78.72	0.43
用户 2	62.77	0.65	64.89	0.68	71.28	0.62	72.34	0.62
用户 3	71.28	0.81	70.21	0.75	68.09	0.69	74.47	0.70
用户 4	73.40	0.89	72.34	0.74	72.34	0.63	77.66	0.69
用户 5	75.53	1.13	77.66	0.82	79.79	0.85	79.79	0.56
用户 6	60.64	0.85	65.96	0.65	67.02	0.61	72.34	0.64
用户 7	62.77	0.63	73.40	0.53	71.28	0.65	73.40	0.63
用户 8	67.02	0.61	65.96	0.61	69.15	0.59	75.53	0.58
用户 9	69.15	0.54	71.28	0.57	76.60	0.56	78.72	0.52
用户 10	78.72	0.58	79.79	0.54	77.66	0.57	80.85	0.43

三、结果讨论与分析

通过上述研究发现：

（1）通过对比分析各类评价方法结果可以看出 GA-BP 神经网络方法能够应用于社会化问答社区用户生成答案质量评价，其评价的准确率虽然没有达到已有研究的最高准确率，但是当选取本文设计的特征时，明显高于 SVM 和最大熵方法的准确率。而且从图 5-5 可以看出，GA-BP 神经网络方法在迭代收敛速度方面明显高于标准 BP 神经网络，拥有较快的收敛速度，在 11 步以内就能够快速实现样本训练学习，而且实现了 100% 达到目标误差，不容易陷入局部最小值和无限循环中，能够快速构建社会化问答社区用户生成答案质量评价模型。因此，可以说明该方法能够应用于社会化问答社区用户生成答案质量评价，具有一定的合理性和科学性，能够进一步地应用和推广。

（2）从表 5-5 可以看出，当采用"基准特征 + 用户特征、基准特征 + 社会情感特征"时，虽然部分用户数据样本准确率 P 提升较少，但是平均误差 M 减少了很多，说明选取基准特征加用户特征时，可以使评价值更接近目标值；当采用"基准特征 + 用户特征 + 社会情感特征"时准确率 P 明显提升，平均评价准确率 $\overline{P}$ 为 76.38%，具有较好的准确率，其平均误差 $\overline{M}$ 也较低，这说明 GA–BP 神经网络的质量评价值更加接近用户标注的真实值，表明该方法具有较强的仿真性和实用性，引入社会情感特征和用户特征后能够提高评价的准确率，笔者设计的评价指标体系具有一定的合理性和有效性。另外，从应用过程和应用结果可以看出，基于 GA–BP 神经网络构建面向用户需求的答案质量评价方法，还能够根据不同用户信息需求和特点进行学习和训练，可以通过神经网络的训练学习，找寻输入和输出之间的内在联系，以权重的形式保存在神经网络中，不断自适应和调整，根据不同用户信息需求设计个性化的质量评价体系，从而增加评价模型的适应性和通用性。形成面向用户需求的个性化用户生成答案质量评价方法，具有一定的灵活性和个性化。

（3）对于社会化问答社区而言，保障平台用户生成内容质量和提供高质量的知识服务是推动平台发展的动力。社会化问答社区应该根据不同用户需求和特点对新生成的答案质量进行评价和筛选，可视化呈现高质量答案给用户，进而促进社区优质答案内容的传播。根据本书结论，社会化问答社区应当从答案文本特征、回答者特征、时效性、用户特征、社会情感特征等角度对优质答案内容进行挖掘和评价。可以采用机器学习中的人工神经网络模型（如 BP 神经网络）等方法进行评价和筛选优质内容，通过向用户推荐和呈现优质内容，控制并优化平台答案内容质量吸引新用户，也可以为老用户建立社区认同感，从而进一步促进社会化问答社区可持续发展。

本章为了解决社会化问答社区用户生成答案质量自动化评价问题，针对存在的评价指标体系不够全面、模糊性和缺乏个性化等问题，引入社会情感特征和用户特征维度，运用因子分析和结构方程实证构建用户生成答案质量评价指标体系。基于 GA–BP 神经网络模型设计了答案质量自动化评价方法。最后，选取知乎网站数据对用户生成答案质量评价指标体系和自动化评价方法进行应用研究。应用结果表明本书构建的评价指标体系和评价方法具有一定的合理性和有效性。但是，研究仍然存在一定的不足，首先，应用研究样本选取具有一定的局限性，仅部分选取"知乎网站"的数据验证方法应用的有效性和合理性，话题内容也比较单一，没有进一步地将方法拓展到各个领域和类型的问答社区。同时，话题数据抽样方面也存在局限性，可能会导致研究结论的偏差。在后续的研究中将进一步加大应用研究对象的选取，扩大方法应用范围和领域。其次，仅从文本、回答者等外部特征层面选取和量化评价指标，没有深入答案文本语义层面，从语义内容方面评价用户生成答案质量。后续的研究中需要结合语义网、机器学习等技术进一步加强对于用户生成答案质量语义层面评价研究。最后，情境也是用户评价和筛选答案质量的重要影响因素，后续的研究中将进一步探讨不同维度因素对答案质量的影响。

基于标签聚类的社会化问答社区答案知识聚合及创新服务

社会化问答社区话题下方包含多个问题，问题下方少则一条回答，多则成百上千条回答。随着问题答案数量的增多，促使提问者和浏览者在查找和阅读答案知识时会花费更多的时间和精力，甚至看不到隐藏的又有价值意义的答案，更是无法实现答案知识点的导航查找和即时获取。因此，如何在成百上千的问题答案中抽取出用户所需要的知识，协助用户快速有效地发现有价值的知识，实现答案知识分类和导航，成为社会化问答社区知识服务面临的重要问题。本章拟采用答案标签实现答案知识抽取和索引导航，实现基于答案标签聚类的社会化问答社区答案知识聚合，从而构建社会化问答社区创新服务模式。

第一节　答案标签自动化生成

一、答案标签自动化生成目的

网络标签（Tag）是一种互联网内容组织方式，采用相关性很强的关键字或词语帮助人们描述和分类互联网内容，以便于检索和分组，已经成为Web2.0 时代的重要元素。文本标签自动化生成（Text Label Generation）来源于"自动索引"，又被称为"关键词自动提取"，它是指从文档中提取具有专指性且能反映文档主题的词语或短语，并且整个提取过程由计算机自动完成，几乎很少有人工参与。自动化生成的文本标签既要体现文档的核心内容和思想，也要具有一定的覆盖率，方便能够按照标签开展知识分类和查找。社会化问答社区答案标签自动化生成就是采用计算机程序算法从答案文档集中提取出能够描述答案的核心内容、知识或思想的词语或短语，使用户能够更加清晰且直接地了解答案内部的知识内容和总体概貌，便于用户按照标签进行知识索引查找和分类。

社会化问答社区答案标签自动生成一方面能够帮助用户依据自身需求从大量、冗余复杂的答案文本中快速、便捷地找到所需要的知识，起到知识索引和导航作用，消除知识过载问题。另一方面，它还能够协助用户决定是否有必要阅读答案，起到对答案知识总结和概括的作用，提高用户知识查找和获取的效率。同时答案知识标签也可以作为答案文本分类、聚类等答案知识挖掘和处理的基础，为后续基于聚类算法的社会化问答社区答案知识聚合及导航服务提供基础。

二、答案知识标签自动化生成步骤

常用的文档标签生成方法可以分为基于统计特征、基于机器学习、基于语言分析等。基于统计方法就是运用文档中词语的统计信息来抽取高频词或权重高的关键词生成文档标签。基于统计分析的方法原理较简单，容易实现，常用的统计分析方法有 n-gram 统计信息、词频、TFIDF、词共现等方法。基于机器学习的方法就是将文档标签抽取问题转变成为分类问题，首先采用训练样本构建文本标签提取模型，得到模型参数，然后用训练得到的模型提取关键词。该方法需要人工标注分类，并使用大量的优质训练数据进行模型参数训练，操作起来较为麻烦。基于语言分析的方法主要是通过词法、句法等分析，考虑词语之间的语义依存关系抽取关键词生成文档标签。该方法符合人的语言习惯，但是需要提前构建语义知识库。典型的方法包括词汇链、依存句法等。所以，本书综合考虑后选取基于统计方法进行答案知识标签自动化生成。

社会化问答社区答案以短文本为主，其内容长短不一，存在特征稀疏，用语不够规范等特点。采用传统的文本标签生成方法具有一定的不适用性，如果采用向量空间模型表示答案文本会出现向量维度过于稀疏，造成巨大的计算量，而且不能够进行词义扩展和同义词判断。然而，基于图模型的文本表示方法可以解决向量空间模型文本表示所面临的问题，能够有效地表示出文本词语之间的关系和结构信息。另外，关键短语能够对答案知识内容的高度概括，具有强文本表示功能，携带的语义信息远高于关键词语。所以，采用图模型表示时其顶点采用短语比词语更能够清晰地表达答案知识内容和思想，而且有利于提高答案知识标签提取的准确率。所以，本书采用图模型方法表示社会化问答社区用户生成答案文本，然后通过 TextRank 算法对顶点（关键短语）的重要性进行排序，将得分较高的前 N 个候选关键短语作为答案知识标签。具体的步骤如图 6-1 所示。

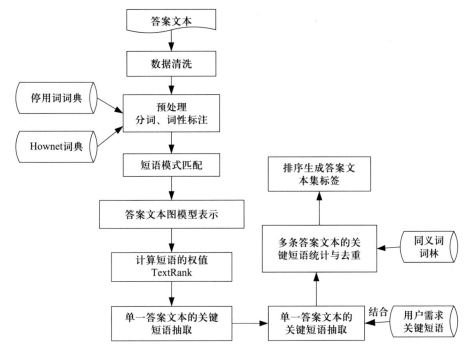

图 6-1 融合用户需求的社会化问答社区答案知识标签生成流程

（1）答案文本清洗。首先对社会化问答社区用户生成答案质量评价和筛选，选取高质量答案文本进行清洗处理。答案文本清洗工作主要包括去掉答案文本中的 URL 链接、图片、表情符号或特殊符号，以及英文信息等。

（2）答案文本的预处理。答案文本的预处理主要包括分词、词性标注。分词就是利用分词工具软件，结合相关的词典将句子中的基本词元素进行划分。词性标注就是将文本中词语的词性注明，分为形容词、副词、动词、名词、连词等，其中 v 代表动词、n 代表名词、c 代表连词、d 代表副词、wp 代表标点符号。

（3）短语模式匹配。依据制定的短语模式规则进行匹配生成短语。关键短语是一个词语的组合搭配，但并非所有的词语组合搭配都是有意义的或有利于答案标签生成的，需要依据社会化问答社区答案文本的特征，标注基本的短语搭配模式。由于汉语是少形态或非形态的语言，词语组装成为短语，组成主要靠词序和虚词，并且由词和词搭配起来形成产生各种关系，搭配的过程要受到词性和词义的约束。而且关键短语含词语的数量主要分布在 1-gram、2-gram、3-gram，超过 70% 的以上的关键词语只包含一个或两个词。这能够为我们选取用户生成答案文本的短语搭配模式提供思路，依据《现代汉语实词搭配词典》，本书最终形成的词语搭配模式，如表 6-1 所示。根据上述的分词和词性标注结果，将答案文本中符合表 6-1 中规则的关键短语选择为候选关键短语或词，否则予以删除。

表 6-1　短语匹配关系

词性匹配规则	说明	示例
ni/ns/nh/nz	名字、地名、机构团队名称、专有名词等	吉林大学、华为集团
i	成语	一心一意、守株待兔
j	简称	国科大、妇幼保健医院
l	网络习惯用语	坑爹玩意、神马东西
a/an+n/ng	形容词＋名词	魅力吉林、秀美长白山
a/an+v/vn	形容词＋动词	稍微转变、合法经营
n/ng+n/ng	名词＋名词	民工子女、吉大学生
vn+vn	名动词＋名动词	违法犯罪，工作独立
v+v	动词＋动词	检查监督　排名上升
v+n	动词＋名词	气温上升，解决问题
Vn+n	名动词＋名词	公办学校
n+v	名词＋动词	第三方监督，竞争力排名
n+vn	名词＋名动词	教育资源配置、核心竞争力
d+v	副词＋动词	重新开放
n+d+a/an	名词＋副词＋形容词	风景很漂亮
d+a/an+n	副词＋形容词＋名词	很一般手机

（4）分词和词性标注之后需要去除停用词。停用词最早是用于信息检索，是为了提高信息检索的效率和速度，自动去掉某些字或词语，这些被去掉的字或词语被称为"停用词"，停用词通常在文档中出现的频率很高，但是没有实际的意义，只有放进句子中才能起到语法作用。依据哈工大版的停用词词库去除停用词。

（5）答案文本的图模型表示。根据答案文本中的词共现关系构建答案文本的无向图模型。以预处理得到的关键短语作为图顶点，关键短语之间的共现关系确定图的边。关键短语之间的同现关系由关键短语与短语之间的相隔距离来确定，如果两个顶点之间有边连接，说明两个顶点所表示的关键短语共同出现在大小为 N 的滑动窗口内，窗口大小 N 的范围为 2~10。

（6）基于 TextRank 算法的图模型顶点权值计算。由于本书构建的答案文本图模型为无向图，可以根据无向图节点权重的迭代公式计算，如式（6-1）所示。

$$h(V_i) = (1-d) + d \cdot \sum_{j \in In(V_i)} \frac{1}{|Out(v_j)|} h(V_j) \tag{6-1}$$

其中，$In(V_i)$ 为指向节点 i 的所有节点的集合，同理 $Out(V_j)$ 为节点 j 所指向的节点集合，d 为阻尼系数，通常情况下取值为 0.85。

通常将每个顶点关键短语的初始权值设置为 1，运用式（6-1）将获得的答案文本图模型中的各个节点的权值进行多轮迭代计算，在不断地迭代的过程中达到设定阈值时停止计算。迭代的最终目的是得到顶点权值并实现排序，因此当后续的迭代计算不影响排序时，迭代就应该停止。输出每个顶点停止迭代时的数值，数值表示关键短语在答案文本中的重要程度。

（7）依据计算得出的顶点关键短语的权重，首先抽取用户需求短语标签作为答案文本知识标签。其次按照权重值从大到小的顺序排列，选取排名靠前的 N 个关键短语作为答案知识标签。选取 N 的个数依据答案文本的长度来决定，不同长度的答案文本应该选取不同数量标签。最后结合文本中含有的用户需求短语标签和排名靠前关键短语生成答案标签。

（8）同一问题下答案文本集知识标签生成。同一问题下是有关于同一主题或话题的讨论和分析，使用的词语或短语具有相似性。所以，本书采用上述方法将同一问题下的所有答案文本都进行关键短语抽取生成每个答案文本的知识标签。然后，借助同义词词林计算短语之间的相似度，实现去重和统计。根据抽取到的关键短语词频，取出前 M 个关键短语作为该问题答案文本集的标签，M 的大小依据回答问题的答案数量进行确定，数量越多，M 的值越大。

第二节　基于 DPCA 算法的用户生成答案知识聚合

文本聚类是将包含多个文档的集合，按照文档相似度分割成为多个由相似文档组成的簇，每个簇包含多篇文档，在同一个簇内的多个文档的相似度尽可能大，不同簇中文档之间的相似度尽可能小，它是聚类问题在文本挖掘过程中的应用。答案知识标签是对于社会化问答社区问题答案中关键内容和思想的表达，是对答案关键知识单元内容和思想的总结概括。因此，本书认为答案知识标签能够代表答案文本，对于答案知识标签聚类就是对于答案文本聚类分析。答案知识标签聚类就是运用聚类算法将具有高度相似性的答案知识标签聚集到一起，在一定程度上揭示答案标签表示知识单元之间的内在关系，实现对答案知识标签表达知识内容的概括性描述和表示，为答案知识的理解和有效利用提供基础。本书运用密度峰值聚类算法实现对于答案知识标签聚类，即实现对于答案知识聚合，为后续基于答案知识标签聚类的社会化问答社区知识导航服务做准备。

一、密度峰值聚类算法简介

密度峰值聚类算法（Desity Peaks Clusering Algorithm，DPCA）是由 Alex Rodriguez 和 Alessandro Laio 发表在 Science 上的文章 *Clustering by fast search and find of density peaks* 中主要讲的是一种基于密度的聚类方法。它能够有效地识别高维空间中的复杂结构数据，借鉴了 mean-shift 算法均值偏移的思想，并结合了 K-Medoids 算法数据点距离的计算方式 [1][2]。基于密度峰值的聚类方法的主要思想是寻找被低密度区域分离的高密度区域，DPCA 算法提出了两种有效的假设，即对于一个数据集：①聚类中心点始终被低密度点环绕在中间；②聚类中心点之间的距离相对较远，这是候选点成为聚类中心点的关键。

定义论域 $U=\{x_1,x_2,x_3,...,x_N\}$ 中含有 N 个数据对象，每个数据对象含有 D 维属性，表示为 $x_i=\{x_i^1,x_i^2,...,x_i^d,...,x_i^D\}$。论域 U 中任意两个对象 x_i 和 x_j 之间的距离采用欧式距离计算，则它们之间的距离为式（6-2）：

$$\text{dist}(x_i,x_j)=\sqrt{\sum_{d=1}^{D}(x_i^d-x_i^d)^2} \tag{6-2}$$

对于每一个数据点而言都存在一个局部密度值 ρ_i，计算公式如下所示：

$$\rho_i=\sum_j \chi\times(d_{ij}-d_c) \tag{6-3}$$

其中，函数：

$$\chi(x)=\begin{cases}1 & x<0 \\ 0 & x\geq 0\end{cases} \tag{6-4}$$

式（6-3）中的 d_c 是 DPCA 算法的一个参数，即截断距离。截断距离 dc 的选取影响整个 DPCA 聚类的结果，该参数由升序排序的数据点距离中的前 1%~2% 的距离所决定。此外，ρ_i 还可以用式（6-5）进行表示计算：

① Bensa C，Bodiguel E，Brassat D，et al. Recommendations for the Detection and Therapeutic Management of Cognitive Impairment in Multiple Sclerosis [J]. Rev Neurol，2012，168（11）：785-94.
② Laplaud D，Bodiguel E，Bensa C，etal. Recommendations for the Management of Multiple Sclerosis Relapses [J]. Revue Neurologique，2012，168（5）：425-433.

$$\rho_i = \sum_j \exp\left(-\frac{d_j^2}{d_c^2}\right) \tag{6-5}$$

对于每一个数据点 x_i 还存在另一度量方式距离 δ_i,计算公式如式(6-6)所示:

$$\delta_i = \begin{cases} \min_{j:\rho_j>\rho_i} d_{ij}, & i \geqslant 1 \\ \max(d_{ij}), & \text{为全局最高} \end{cases} \tag{6-6}$$

式(6-6)中当数据点 x_i 具有最大局部密度时,δ_i 表示 S 中与 x_i 距离最大的数据点到 x_i 之间的距离;否则,δ_i 表示在所有的局部密度大于 x_i 的数据点中,与 x_i 距离最小的那个数据点到 x_i 之间的距离。DPCA 算法的步骤如下:

输入数据:距离矩阵 阶段距离 d_c。

输出结果:类标号:

Step1:计算截断距离 d_c;

　　　　根据式(6-2),计算数据点间距离 d_{ij},

　　　　将数据点距离 d_{ij} 按升序排序;

　　　　根据排序的距离矩阵选取合适的 d_c。

Step2:选取簇类中心

　　　　根据式(6-3)、式(6-4)和式(6-5)计算 ρ_i;

　　　　根据式(6-6)计算 δ_i;

　　　　将所有备选点的密度降序排序;

　　　　将具有高 ρ 值和相对较高 δ 值的备选点标记为簇类中心点。

Step3:分配非簇类中心点到相应的簇类中心;

　　　　根据 δ_i 值的从属关系将非簇类中心点依次依附于其更高密度点上。

Step4:聚类结果展示。

二、基于 DPCA 的社会化问答社区答案知识聚类过程

基于 DPCA 算法实现社会化问答社区答案知识聚类的核心思想就是依据答案知识标签之间共现情况,计算两个答案知识标签之间的相似度,同类答案知识标签之间的相似度较大,表达主题意思较为相近,非同类答案知识标签之间的相似度较小。基于 DPCA 的社会化问答社区答案知识聚类过程总体上可分为答案标签生成、构建共现矩阵和相似矩阵、计算截断距离、选取聚类中心点、分配非簇类中心点到相应的簇类中心、聚类结果可视化等阶段,如图 6-2 所示。

(1)数据采集和预处理。数据采集主要是运用爬虫软件采集社会化问答

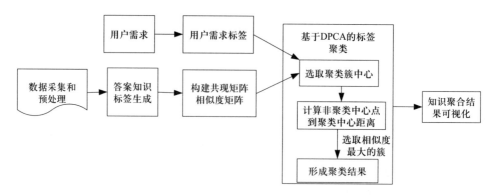

图6-2　基于DPCA算法的社会化问答社区答案知识聚类过程

社区的问答对资源。由于共现分析以反映答案的知识内容特征和外部特征的标签作为分析的主要依据，数据量的大小直接影响知识聚合结果的准确性。因此，采集到的答案知识资源需要数量足够多，能够反映某个主题或话题的热点及内容。另外，社会化问答社区用户生成答案质量和表达方式参差不齐、不够规范，还需要将采集到答案文本进行清洗和预处理，去除答案文本中的图片、超链接等冗余信息，形成统一规范化的数据集，便于后续答案知识标签生成。

（2）答案知识标签生成。社会化问答社区答案以用户生成为主，并没有相关的知识标签，需要首先进行答案知识标签生成。运用本章第一节介绍的基于短语的图模型答案知识标签自动化生成方法分别生成答案知识标签，生成的答案知识标签数量以实际需求为主，一般选取3~10个。

（3）答案知识聚类分析。答案知识聚类是基于答案标签共现的社会化问答社区答案知识聚合的关键步骤。本书采用基于DPCA算法进行答案知识标签聚类，揭示答案文本中知识资源之间的关联，发现相关知识主题。在运用DPCA算法过程中结合用户需求选取聚类中心点，实现面向用户需求的知识资源聚合。

社会化问答社区答案知识标签聚类的过程：首先，需要构建共现矩阵、相似度矩阵和相异矩阵。统计数据集中答案知识标签共现次数，依据答案知识标签共现关系形成共现矩阵，将共现矩阵根据相似度计算方法转化为相似度矩阵。其次，在转化成为相异矩阵。本书采用Ochiia系数计算答案知识标签之间的共现强度，构建相似度矩阵。再次，计算两个知识标签之间的距离形成距离矩阵，根据距离进行升序排序，选取得到最优的截断距离 d_c。计算每个点的密度值 ρ_i 和距离值 δ_i，依据具有高密度值和相对较高 δ 值的选取原则，结合用户需求标签，将符合条件的答案知识标签数据点标记为聚类簇类中心点。最后，分别计算其他各个答案知识标签与聚类中心之间的距离，分配非聚类簇类答案知识标签点到相应的聚类簇类中心。

（4）知识聚合结果可视化展示。知识聚合结果展示主要是将答案知识聚类结果进行可视化展示。运用可视化技术将每个聚类簇输出，实现聚类结果的可视化展示和输出。本书选取 Python 的 Wordcloud 模块生成可视化词云。

针对社会化问答社区知识答案数量激增，答案知识标签共现分析方法可以实现答案内部关联知识聚合，通过答案标签知识聚类将知识映射到对应的答案文本，实现答案知识单元的索引和导航，满足用户的知识搜寻和获取需求。知识聚合结果能够帮助用户在众多生成答案中高效、快捷地导航和索引查找所需要的知识，并且还能够深入地挖掘社会化问答社区答案的知识内容结构及知识之间的关联，通过知识聚合结果解释答案中知识内容结构和关联关系。

第三节　基于答案标签聚类的社会化
问答社区知识导航服务

一、社会化问答社区知识导航服务概念及功能作用

1. 社会化问答社区知识导航服务概念

知识导航服务是为满足用户需求主动地向用户提供知识检索、查询、索引、分类等服务。狭义的知识导航是指在网络环境下帮助用户在网络海量知识信息中找到自己所需要的知识信息；广义的知识导航包括知识评价、选择、咨询、营销等[①]。它能够有效地解决知识过载问题，通过它用户能够较快地查找和获取相关的知识，这已经成为网络环境下重要的知识服务模式。

移动互联网环境下用户知识需求发生了很大的变化，社会化问答社区知识资源呈现几何式级数增长，社会化问答社区迫切地需要寻找一种创新知识服务方式来帮助用户查找和索引知识，重新序化和组织答案知识、消除知识过载。特别是当受到移动设备屏幕和操作的限制，用户期望社会化问答社区能够对于话题下知识主题进行概括和总结，使用更精准化、细粒度化、系统化的知识组织和管理方法，为用户提供知识主题分类、索引导航等服务。经过调研发现当前大多数的社会化问答社区主要以目录分类式知识导航服务为主，较少存在以答案知识标签形式进行知识导航服务的方式。另外，社会化问答社区主要采用目录分类方式进行知识导航服务，不利于新知识资源及时发现和补充，并且形

---

① 马谦. 知识导航：混合型图书馆的信息咨询服务功能［J］. 情报杂志，2004（5）：25-27.

成的知识导航服务仅局限于某一个领域或范围，极易割裂领域相关知识之间的关联，也不利于社会化问答社区的知识共享和交流。答案知识标签能够表达答案核心内容和中心思想，也能够实现对答案知识分类和索引，为社会化问答社区开展知识服务提供了新的思路，基于此，本书构建了基于答案知识标签聚类的社会化问答社区知识导航服务模式。

基于答案知识标签聚类的社会化问答社区知识导航服务是指社会化问答社区运用关键词抽取、知识表示、社会网络分析等相关技术，将答案中关键知识内容和回答者特征以知识标签的形式呈现，并采用聚类方式对答案知识内容进行分类，发现知识单元之间关联，协助用户高效、便捷地依据答案知识标签进行知识查询、索引及寻找相关的领域专家。基于答案知识标签聚类的社会化问答社区知识导航服务可以根据用户个性化知识需求生成答案知识标签，协助用户在海量的答案中快速地查找符合自身需求的知识资源和领域专家。

2. 社会化问答社区知识导航服务的功能作用

基于答案知识标签聚类的社会化问答社区知识导航服务功能作用体现在以下两个方面：

（1）答案知识查询和索引作用。将答案核心知识单元抽取形成答案导航标签，建立知识单元之间的链接和关联关系，为用户提供知识检索和索引服务。同时利用聚类形成的聚类簇实现对于答案知识内容分类。基于答案知识标签实现话题下答案知识分类、索引和导航，用户根据答案知识标签提高了话题下知识搜寻和获取的效率，从而有效地促进了用户知识交流和创新。同时也可以运用生成的回答者标签发现领域专家，实现领域专家导航服务。

（2）答案知识整合和概括总结作用。根据用户的知识需求运用答案知识标签及答案知识标签聚类主题，对答案中关键知识内容及知识单元之间的关系进行揭示，实现对答案文本中离散无序的知识单元重新整合和组织，使用户能够依据答案知识标签快速了解和掌握答案文本表达的知识内容，有效区分知识类别和表达的主题内容。通过对于话题下问题答案知识标签聚类和展示，形成的答案知识标签聚类簇是对相关知识主题内容的最直接表达和概括，实现了对于话题知识概括和总结。

二、基于答案知识标签聚类的社会化问答社区知识导航服务模式

基于答案知识标签聚类的社会化问答社区知识导航服务方式区别于以往社会化问答社区知识导航服务方式，不是简单地按照问题或话题进行答案知识内容组织和分类，而是依据用户知识需求自动化生成答案知识标签，将答案文本中的知识或领域专家以标签形式呈现给用户，运用答案知识标签进行答案文本

或话题的知识组织和管理，方便用户进行答案知识的查找、定位和利用。还可以运用答案知识标签进行话题知识组织和管理，方便用户进行话题中知识的查找、定位和利用，通过运用答案知识标签聚类实现对于话题下答案知识聚类和组织，发现话题下的新知识和揭示知识之间的关联关系，为用户提供话题查找和导航服务，从而有效促进社会化问答社区用户知识交流和创新。社会化问答社区基于答案知识标签聚类开展知识导航服务时应该遵循可靠性和高质量、合理性和平衡性、易用性和便捷性、即时性等原则，从而保障知识导航服务质量和可信度。

依据社会化问答社区知识聚合服务流程，本书设计了基于答案知识标签聚类的社会化问答社区知识导航服务模式如图 6-3 所示。通过建立社会化问答社区问题答案数据集、用户信息、知识库等资源数据集，将答案知识标签自动化生成、知识可视化、超链接、社会网络分析、聚类分析等技术运用到知识导航服务模式的构建，结合用户知识需求，实现基于答案知识标签聚类的知识导航服务功能。

基于答案知识标签聚类的社会化问答社区知识导航服务主要分为用户知识服务需求获取和挖掘、数据采集与预处理、答案知识质量评价、答案知识标签生成和聚类分析、知识导航服务准备、知识导航服务提供、服务反馈和评价等阶段。

（1）用户知识服务需求获取和挖掘阶段。社会化问答社区知识导航服务作为面向用户需求的知识服务模式，开展知识服务的过程中主要通过显性和隐性两种方式来获取用户知识服务需求。显性获取主要通过用户提问问题、用户检索查询式来获取用户知识需求；隐性获取主要通过挖掘用户历史浏览记录、历史注册信息、用户社会网络关系等获取用户知识需求。在答案知识标签生成的过程中，可以结合用户需求个性化生成答案知识标签。答案知识标签聚类过程中，结合用户需求和兴趣度初选聚类中心，实现面向用户需求的答案知识标签聚类，发现满足用户知识需求的知识主题。知识导航服务提供的过程中结合用户知识需求实现知识服务内容筛选和匹配，实现个性化知识导航服务。

（2）数据采集和预处理阶段。数据采集和预处理主要是实现社会化问答社区问题答案数据、用户信息等数据采集、存储和预处理，实现不同知识资源间的整合和初步组织。运用网络爬虫采集到相应的话题问答对资源，用户信息等，存储到相应的数据库，为后续答案知识标签的生成、聚类分析提供数据资源基础和保障。同时也对回答者的特征信息采集、分析回答者的擅长领域、专业特长等，以便为后续领域专家发现和导航提供数据资源。

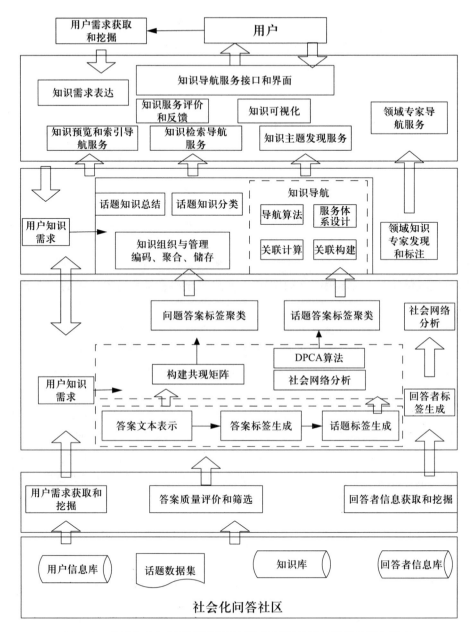

图6-3　基于答案知识标签聚类的社会化问答社区知识导航服务模式

（3）答案知识质量评价阶段。社会化问答社区答案质量参差不齐，存在很多虚假、冗余知识，无法直接用于知识导航服务，需要进行答案知识质量评价，筛选高质量的答案文本，保障知识导航服务内容的可靠性和高质量。另外，答案知识质量评价过程中还可以根据回答者特征信息实现回答者的权威性评价，擅长领域知识的发现，过滤掉专业性程度较低的回答者，挖掘和获取回答者数据资源，为后续回答者标签生成和领域专家知识导航服务提供数据基础和质量保障。

（4）答案知识标签生成和聚类分析阶段。答案知识标签生成和聚类分析主要是结合用户知识服务需求，充分利用知识标签对复杂信息的有效组织和表示能力，抽取关键短语或关键词生成答案知识标签、话题标签及领域专家标签，是实现基于答案知识标签开展社会化问答社区知识导航服务关键模块。首先，针对社会化问答社区问题答案数量庞大、来源丰富复杂等特点，无法采用人工标注的方式生成知识标签等问题。本书运用图模型表示答案文本，选取 TextRank 算法结合短语模式匹配方式自动化生成表示答案知识标签。针对用户需求个性化生成答案知识标签，为后续答案文本中相关知识预览、索引查找，以及分类等服务提供支持。对于话题标签生成，通过统计分析话题下所有答案知识标签，抽取话题相关度较高的答案知识标签生成话题标签，可以为话题下答案知识查找和获取服务提供基础。然后，依据生成的答案知识标签共现情况来构建标签共现矩阵，将共现矩阵转换成为相似度矩阵选取基于密度聚类方法（DPCA 算法）进行答案知识标签聚类、社会网络分析以及战略坐标分析等分析方法揭示其内在隐含的知识关联，达到知识资源聚合的目的。另外，依据获取和挖掘到回答者信息生成回答者标签，通过对于回答者标签生成，标注回答者中相关专家的擅长领域和专业，为后续领域专家导航服务提供基础。

（5）知识导航服务准备阶段。知识导航服务准备分为知识导航服务内容匹配、服务内容准备和服务知识内容组织管理等部分，是基于答案知识标签聚类的社会化问答社区开展知识导航服务关键步骤之一。知识导航服务准备主要是依据用户知识需求设计知识导航服务方式、技术、服务体系等。知识导航服务算法为知识导航服务提供技术支持，保障知识导航服务智能化、精准化和高质量化；服务体系构建主要是设计和实现基于答案知识标签聚类的社会化问答社区知识导航服务的保障体系、协同体系、运行机制等；界面设计主要是设计和提供满足基于答案知识标签聚类的知识导航服务功能和系统界面，为用户提供易用性和便捷性知识导航服务。知识服务内容匹配和准备，就是依据生成的答案知识标签和用户知识服务需求对答案知识挖掘和组织，建立知识单元之间的链接关系，为知识导航服务提供服务内容和资源。基于答案知识标签聚类实现对于话题下答案知识内容的表示、管理和组织，运用答案知识标签聚合结果实现对于答案知识内容的有效分类、组织、聚合、存储等。也能够对话题下答案知识内容主题进行划分和知识主题发现，为后续答案知识分类服务和知识主题服务提供础。

另外，针对挖掘和获取的回答者标签聚类，能够实现领域专家发现和标注，揭示社会化问答社区用户之间的关联关系，为后续领域专家知识导航服务提供服务内容。知识服务内容的组织和管理部分是对用于知识导航服务的知识内容的管理和存储，通过对答案知识内容的有效分类、组织、聚合、存储等，实现为社会化问答社区答案知识重复利用和序化组织。

（6）知识导航服务阶段。该阶段是社会化问答社区与用户的服务交互和服务功能实现阶段。通过结合用户知识需求，运用知识可视化技术将知识导航服务内容在相关区域可视化展示，实现对于用户的知识导航服务。同时服务接口模块也是用户提交知识需求、反馈和评价知识导航服务质量的接口，用户通过提问、留言、评论等方式提交自身知识服务需求，也反馈和评价知识导航服务的效果和用户体验性，协助社会化问答社区优化和改善基于答案知识标签聚类的知识导航服务。基于答案知识标签聚类的社会化问答社区可以向用户提供答案知识预览和索引导航服务、知识检索导航服务和领域专家知识导航服务等服务模式。

1）知识预览和索引导航服务。社会化问答社区利用生成答案知识标签对答案知识概括和总结，运用答案知识标签帮助用户进行答案知识预览，判断是否满足自身需求或进一步点击查阅。知识预览和索引服务克服了传统社会化问答社区知识导航系统提供的浏览分类简单、知识迷航等问题，实现了基于知识单元的索引式知识服务方式。通过建立知识标签与答案文本中知识内容之间的超链接关系，运用知识标签实现知识索引，实现答案文本知识的快速定位、查找和获取，进而为用户提供知识导航服务。

另外，还能够实现对知识单元的筛选和过滤以及关联知识单元发现和查找。社会化问答社区基于答案知识标签开展知识预览和索引导航服务可以根据用户知识需求个性化生成答案知识标签，使每个用户预览和索引知识标签不相同，实现对于答案知识内容的个性化预览和索引导航服务。同时，社会化问答社区在建立答案知识标签和知识内容之间的链接关系时，不仅要考虑相关知识内容的索引服务，而且可以依据答案知识标签之间关联关系，实现基于答案知识标签的关联知识导航和推荐服务。

2）知识检索导航服务。该服务方式是指用户通过问答社区的搜索引擎搜寻知识时，社会化问答社区利用自动化生成的答案知识标签词语规范用户的检索式，运用用户检索词与答案知识标签之间匹配来查询和获取相关知识内容，对检索结果进行关联度排序处理后返回给用户，提高用户知识检索的规范性和有效性，提高知识检索的查全率和查准率。同类话题下知识检索或搜寻时，运用答案知识标签实现对答案知识内容分类组织，使用户在问题或话题下依据答案知识标签快速检索到相应的知识内容。基于话题答案知识标签可以协助用户实现话题下知识查找、定位和导航，使用户能够按照知识主题类别对话题下知识内容进行分类和组织，快速浏览和掌握话题下的相关知识内容和类别，通过知识主题标签聚类簇快速索引和查找话题下相关的知识内容，提高知识搜寻和获取的效率。同时，社会化问答社区在提供知识检索导航服务过程中，社会化问答社区知识检索导航系统可以记录用户检索知识导航路径，进一步发现和挖掘用户知识服务需求，为用户提供个性化知识导航服务。

3）领域知识专家导航服务。社会化问答社区按照领域专家之间的关系和节点影响力，以及领域专家标签帮助用户能够迅速寻找与自身需求相关的领域专家，实现领域专家分类和检索导航服务。该服务方式能够使用户需求能够在较短时间内得到权威解答，提高社会化问答社区服务质量和用户体验度。另外，当用户浏览答案知识内容时，可以通过回答者标签快速了解回答者擅长领域和专长，是否与自身具有相同的兴趣和爱好，通过关注用户形成社交关系，促进社会化问答社区知识交互和流动。

4）知识主题发现和导航服务。知识主题发现和导航服务是指社会化问答社区利用答案知识标签聚类分析和社会网络分析结果，从话题下答案知识主题之间关联结构中挖掘出有效的、新颖的、潜在有用的、可解释的新知识或主题，为用户提供知识发现和导航服务。知识主题发现和导航服务有利于社会化问答社区话题下知识内容创新和创造，增加社会化问答社区知识服务价值和能力。

第四节　应用研究——以"携程问答"为例

本书以携程网问答社区的数据为例，验证答案知识标签自动化生成方法及基于答案知识标签社会化问答社区开展知识导航服务的有效性和可行性。携程网问答社区是有关于旅游攻略为主的问答社区，属于旅游专业性的社会化问答社区。社区的问答对具有内容丰富，质量高的特点，并以短文本为主，符合本研究对象特点。从携程网问答社区采用 Gooseek 软件爬取近 1 年来关于"长白山"话题的相关问题和答案。总计包括 2381 个问题，3000 多条答案文本数据，形成实验数据集。

一、答案标签自动化生成方法应用研究

为了对比分析本书提出的社会化问答社区答案知识标签生成方法比其他常

用文本标签生成方法的优劣。本书随机在获取答案文本数据集中选取 50 个问题的答案文本，总计答案文本数量 375 个。首先，采用人工标注的方式生成各个问题答案文本集标签和各个答案文本的知识标签。每个问题答案文档统一生成 5 个知识标签。其次，分别选取具有代表性的 TF–IDF 方法生成标签、基于词语的图模型方法、本书提出的基于短语的图模型方法生成标签与人工标注的标签进行比较分析。

　　由于本书提出的用户生成答案标签生成方法目的是选取合理标签描述答案文本内容，并实现索引和导航功能。所以，选取的评测标准就是通过与人工标注的标签对比分析，判断各种方法抽取到的答案知识标签的准确率、语义多样性。准确率 P 是指通过各类方法生成的答案知识标签中正确答案知识标签数量与人工标注答案知识标签数量的比值。准确率 P 越高，说明该方法生成的答案知识标签的效果越好，准确程度越高。得到的准确率 P 的实验结果如图 6–4 所示。

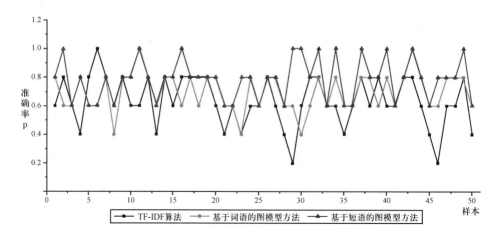

图 6–4　准确率 P 实验结果

　　答案知识标签生成过程中保证标签的语义多样性也十分重要。语义多样性是指生成的答案知识标签相互之间语义独立的程度，语义多样性越高，说明抽取的知识标签效果越好。另外，还需要比较生成答案知识标签的语义丰富量，即生成的知识标签代表的内容和思想观点较多。采用同一问题答案文本集生成的知识标签进行对比分析。以问题"国庆节去长春能去长白山吗？能看到天池吗？"为例，各类方法得到的答案文本标签如表 6–2 所示。

表 6-2　各类方法单一答案文本生成标签结果

方法	答案文本标签				
TF-IDF 方法	国庆节	时间	长春	天气	天池
基于词语的图模型方法	国庆节	长白山	天池	长春	天气
基于短语的图模型方法	国庆节	看到天池	几率很大	天气	长春到长白山
人工标注的标签	国庆节	看到天池	天气	几率很大	下雪封山

通过图 6-4 和表 6-2 可以看出，准确率方面基于短语的图模型方法要高于其他两种方法，并且准确率大部分高于 80%，说明本书提出的方法能够更准确地提取到答案知识标签，更接近人工标注的结果。另外，从表 6-2 还可以看出，基于 TF-IDF 和基于词语的图模型方法虽然也能够提取出关键词语，但是提取的关键词作为标签没有语义关系，表达的答案内容和思想观点较少，不如提取关键短语作为标签能让其他用户更能够全面地了解和概括答案文本知识内容，表达更多的语义，起到知识导航和总结作用，提高用户知识查找、获取的效率和能力。

二、基于 DPCA 算法的社会化问答社区答案知识聚合应用研究

采用上述采集到的携程网问答社区数据为例，验证和比较分析本书提出基于答案知识标签聚类的社会化问答社区知识导航服务的可行性和优势。

（1）数据预处理和答案标签自动化生成。首先，对获取到的答案文本数据进行预处理，去除文本中的超链接、图片、特殊字符等信息，然后运用第五章介绍的答案文本质量评价方法，选取答案文本质量高于 4 分答案文本数据，总计获取 1729 条答案文本数据，得出数据集 D。通过统计分析发现单条答案文本数据的字符数基本在 40~2000，平均每条答案文本字符数为 153 个，依据大部分汉语句子长度在 20 字左右，每个句子采用 1 个核心关键词表达的原则，每个答案自动化生成 8 个知识标签，其中文本长度不够的答案以实际生成知识标签数量为准。运用本章第一小节介绍的答案知识标签生成方法，得到每条答案标签。将获取到答案标签进行统计分析，运用《同义词词林扩展》合并相近意思标签，去除生成标签中的同义词，总计获得不重复短语知识标签 2418 个。

（2）共现矩阵和相似度矩阵构建。通过统计答案知识标签之间共现的次数，形成答案知识标签共现矩阵 $M_{2418 \times 2418}$。本书选取 Ochiia 系数计算知识标签之间的相似度，将共现矩阵转化为相似度矩阵。构建标签之间相似度矩阵 $S_{2418 \times 2418}$。答案知识标签相似度矩阵中，标签相似度值介于 0—1，相似度越接近于 1 说明两个知识标签之间的距离越近，相似度越高；相似度数值越接近于

0，说明两个知识标签之间的相似度越低。由于答案文本以短文本为主，形成的相似度矩阵为稀疏矩阵，后续处理过程中需要先对相似度矩阵进行降维处理。

（3）聚类分析。首先，计算两个答案知识标签之间的距离 d_{ij} 形成距离矩阵 $R_{2418 \times 2418}$，根据距离进行升序排序，选取得到最优的截断距离 d_c。本书选取前 10% 的数据点来决定 d_c 的值。其次，计算每个点的密度值 ρ_i 和距离值 δ_i，将个点的（ρ_i, δ_i）在平面坐标轴中画出（以局部密度 ρ_i 作为横轴，以距离 δ_i 作为纵轴），形成的聚类中心决策结果如图 6-5 和图 6-6 所示。

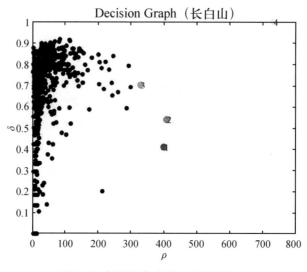

图 6-5　标签的密度值 ρ_i 和距离值 δ_i

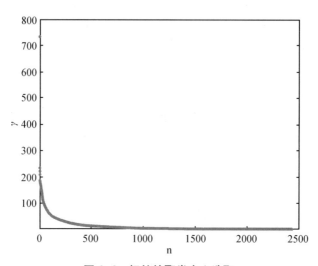

图 6-6　标签的聚类中心选取

依据具有高密度值和相对较高 δ 值的选取原则，结合用户需求标签，用户需求标签 U={ 长白山，国庆节，北坡，天池 }，说明用户需要了解长白山北坡、天池的相关信息。选取右上角的点作为聚类簇中心点，将符合条件的答案知识标签数据点标记为聚类簇类中心点。分析发现右上角点包括"长白山""北坡""天池"等中心点，所以结合用户需求将聚类簇中心点选为 4 个，聚类簇中心点分别为"长白山""北坡""天池""西坡"。另外，分别计算其他各个答案知识标签与聚类中心之间的距离，分配非聚类簇类答案知识标签点到相应的聚类簇类中心，得到各个聚类簇标签个数分别为 1692、316、269、140。

（4）聚类结果可视化展示。运用 python 的词云包，每个聚类中心点选取密度值排名前 50 的知识标签生成词云，形成的结果如图 6-7 所示。

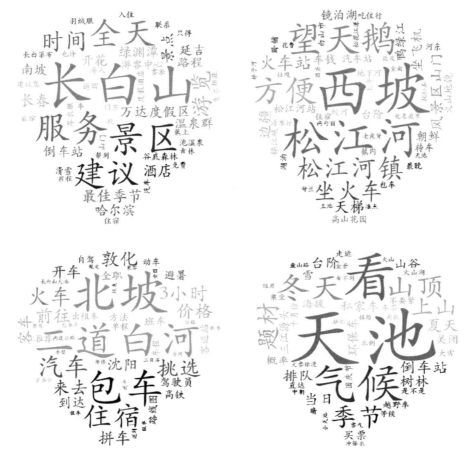

图 6-7　聚类结果可视化

（5）答案知识标签聚类结果及导航服务效果讨论与分析。

1）从答案知识标签聚类结果可以看出，携程网问答社区有关于"长白山"话题的相关问答数据通过聚类中心选取图判断，发现选择4类聚类中心比较合理，4类知识主题分别为"长白山""北坡""天池""西坡"，从形成的聚类词云图可以进一步发现各个知识主题下相关知识内容，利用答案知识标签实现对于知识内容导航服务。从有关于"长白山"主题簇知识标签可以发现，关于"长白山"各个答案文本内主要包括景区开放时间和服务、旅游建议、最佳时间和季节、车程、酒店选择、周边城市哈尔滨、长春、延吉等城市如何去长白山等内容建议；有关于"西坡"的知识主题簇知识标签可以发现，用户较为关心的知识内容体现在长白山西坡的驻地松江河镇，松江河火车站、火车、飞机等交通问题，西坡附近的其他旅游景区。通过聚类簇知识标签可以发现的知识内容是西坡位于松江河镇，乘坐火车或飞机到达较为方便，火车站站名为松江河火车站，西坡的景点包括天梯、梯子河、高山花园、地下河等，附近的其他旅游景点有望天鹅、鸭绿江、镜泊湖等。有关于"北坡"的知识主题簇标签可以发现，答案文本中的知识内容包括如何到达北坡、二道白河、住宿、包车等，通过聚类簇可以发现的知识内容是北坡和二道白河存在一定的关联，二道白河需要解决包车、拼车、租车等问题，能够通过汽车、火车等方式到达；有关于"天池"知识主题标签簇，能够发现的知识内容包括看天池与气候、季节等知识，冬天、夏天等天池情况、倒车站、环保车、越野车、排队等与到达天池有关的知识内容。

2）从上述的结果可以看出，本书提出的基于答案知识标签聚类的社会化问答社区知识资源聚合和知识导航服务具有一定的可行性和有效性，答案知识标签聚类结果的可视化展现能够帮助用户迅速的发现和了解话题下相关知识资源主题，帮助用户查找与该知识主题相关的知识内容，借助答案知识标签实现答案知识内容的索引和发行服务、知识检索推荐服务、知识专家导航等服务，也可以实现对于答案知识内容的总结概括、知识主题内容推荐等服务。同时，也能够结合用户知识需求发现相关的知识主题聚类簇，满足用户个性化知识需求。

基于答案摘要生成的社会化问答社区知识聚合及创新服务

随着移动互联网技术发展和智能终端设备的普及，手机、iPad 等移动智能终端丰富了用户使用社会化问答社区的场景。移动网络情境下，受到流量和屏幕尺寸的影响，用户浏览问题答案获取知识时期望社会化问答社区能够提供答案知识总结和概括服务，将多个侧重点不同的答案知识资源加以重新融合并可视化呈现，减少知识搜寻获取成本，提高答案知识获取的效率和全面性。鉴于此，本章提出了用户生成答案摘要生成方法，基于答案摘要为用户提供知识聚合服务。

第一节　答案摘要生成的概念及作用

一、答案摘要生成的概念

"摘要"又可以称为概要、内容提要，是对文档内容的概括和总结，能够突出文档的主题和核心思想。答案摘要是以解决不同用户面对同一问题时，由于主观性和知识约束造成的单一答案的片面性问题为目的，将同一问题的不同角度的答案文本融合为一个全面的高质量答案文摘[1]。通过答案摘要生成得到满足用户需求、可信度高、全面覆盖、低信息冗余的综合性答案[2]。社会化问答社区答案摘要生成就是为了满足用户知识需求，通过分析答案与问题之间、答案与答案之间的相互关系，将多个答案整合成为可信度较高、结构逻辑完善、信息冗余低的完整性答案的过程。

① 王宝勋. 面向网络社区问答对的语义挖掘研究［D］. 哈尔滨工业大学，2013.

② Tomasoni M, Huang M. Metadata-aware Measures for Answer Summarization in Community Question Answering［C］// Proceedings of the 48th Annual Meeting of the Association for Computational Linguistics. Association for Computational Linguistics，2010：760-769.

社会化问答社区问题答案摘要生成可以看作多文档自动文摘问题，也可以看作多文本的知识聚合及融合问题。从答案摘要自动生成过程来看，包括抽取式和生成式两种方式。抽取式摘要是直接从答案文本中抽取句子或短语组成摘要，它是目前最常用的答案摘要生成方法；生成式摘要是采用复述等方式重新组织语句概述答案文本中的知识内容，目前该方法不够成熟，效果并不理想。所以本书选取抽取式方法生成答案摘要。然而，Liu 等[①]研究发现问答社区大约 48% 的问题为排他性问题，具有唯一的答案，不需要生成答案摘要就能获得完整的答案。因此，设计社会化问答社区答案摘要生成方法需要首先考虑问题类型，依据问题类型设计不同的生成算法。借鉴已有研究，参照徐振[②]提出的 CQA 的问题分类体系，根据不同问题答案文本特点，将社会化问答社区问题主要分为概念类问题、观点评价类问题、意见咨询类问题、事实性问题、社交类问题、调研型问题 6 种类型，各类问题的介绍和特征，如表 7-1所示。然而，当问题答案具有排他性，任何与之不同的答案都是错误时，该问题就不需要生成答案摘要。其中事实性问题具有很强的排他性，答案是唯一确定的，社交类问题和调研型问题，答案文本摘要生成没有实际的意义。所以，事实性问题、社交类问题、调研型问题没有必要生成答案文本摘要，仅有概念类型、观点评价类型、意见咨询类型 3 类问题有必要生成答案文本摘要。

表 7-1　社会化问答社区问题类型

问题类型	描述	例子
概念类	提问者主要是想获取对于事物的概念性描述或者专业术语的解释和表达	引力波是什么
观点评价类	主要想看其他用户对于某事件、人、某物的观点态度，评价等，这类问题通常有很多不同的观点	你如何看待"红黄蓝虐童事件"
意见咨询类	用户提问主要是想获得回答者的建议和推荐，这类问题通常能得到回答者的一些经验方法	请大神推荐长春的旅游景点和美食
事实性问题	提问者想获取一个确定的事实，通常答案是唯一确定的。这些问题答案不需要生成答案摘要	参加 2014 年巴西世界杯决赛的两个国家名称

① Liu Y, Li S, Cao Y, et al. Understanding and Summarizing Answers in Community-based Question Answering Services ［C］//Proceedings of the 22nd International Conference on Computational Linguistics-Volume 1. Association for Computational Linguistics，2008：497-504.
② 徐振. 面向问答社区的问题类型敏感的答案摘要算法研究 ［D］. 哈尔滨工业大学，2014.

续表

问题类型	描述	例子
社交类问题	提问者不是以获取信息或知识为目的，大多数是为了与其他用户交友沟通，属于对话类型的问题，没有生成答案摘要的必要性	哪位小伙伴在长春
调研型问题	这类问题类似调查问卷，调查某些情况，答案数量挺多，很多信息需要统计。该类问题没有生成答案的必要性	你的幸运数字是多少

二、答案摘要生成的原则和作用

答案摘要生成的过程中应该遵循简洁性、综合性和个性化的原则。首先，简洁性主要是指生成的答案文本摘要简明扼要，能够使用户以最小成本、最短文本获取最大的知识量。其次，综合性是指生成的答案摘要具有较高的覆盖度和全面性，尽量的包含问题下方答案文本中的核心知识内容，综合多方面的观点和知识，为用户提供全方面的知识概括和展示。最后，更为重要的是面向用户需求的个性化原则。个性化是指社会化问答社区应该面向用户需求提供个性化的答案摘要，实现千人千面的个性化知识服务。

同时，社会化问答社区答案摘要生成功能作用体现在以下两个方面：

（1）提高用户知识获取的效率，降低知识搜寻和查阅的成本。移动互联网情境下，用户使用移动智能终端获取知识，由于受到设备尺寸和屏幕、网络等状况的限制，用户搜寻、浏览和利用受到一定程度的限制，增加了用户获取知识的成本和阻碍。然而，用户生成答案摘要能够实现多个答案的概括和总结，提炼和融合不同回答者的观点、情感以及见解等，通过阅读答案摘要就能迅速地获取大部分知识，判读是否进一步阅读和浏览，既减少了用户信息检索和搜寻的时间和精力，也减少了用户阅读和浏览的成本。

（2）提高社会化问答社区的知识重用，实现知识整合和序化组织。答案摘要生成能够减少问题下的冗余信息，提取答案中的主要知识内容和思想观点，整合答案集合中的多个答案，得到完整的高质量答案，实现知识的重新整合和序化组织。知识重新整合和序化组织为社会化问答社区知识再利用提供了基础和条件，解决了知识重用过程中的问题，对于社会化问答社区知识重用具有重要意义。

第二节　相关理论与技术方法

一、句子相似度计算

答案摘要抽取式生成方法主要采用抽取答案文本中核心句子组成文本内容。因此，如何评价答案集合中每个句子的重要程度成为生成答案摘要的关键。答案摘要的精确性受到句子相似度计算结果的直接影响，句子相似度计算也成为答案摘要生成过程中至关重要的步骤。常用的汉语句子相似度计算方法主要有：基于句子关键词特征统计、基于句法结构、基于句子语义信息、基于句子语法、基于编辑距离等。通过衡量基于句子表面特征信息、基于词语语义、基于句子语法特征等方法的优缺点，本书通过融合句子关键词特征信息、语义两个方面的特征优化和改进句子相似度计算方法，保障后续答案摘要的可行性和合理性。同时，针对各类相似度计算方法中存在的部分缺点进行改进，以达到大大提高相似度计算精确性的目的。

（1）基于句子关键词特征的相似度计算。它是利用句子包含的关键词表层特征信息来计算句子的相似度，常用的方法为基于向量空间模型的 TF-IDF 方法。但是，TF-IDF 方法没有考虑句子中相同关键词的数量以及两个句子长度等特征。鉴于此，本书将句子中相同关键词数量、句子长度两个句子特征加入，使得基于句子关键词特征的相似度计算更为准确。其计算的过程如下：

1）TF-IDF 方法将句子映射到文本向量空间模型，每一维的值为句子中特征词的权值 w_i，$w_i = tf_{T_i} \times idf_{T_i}$，$tf_{T_i}$ 为词语 T_i 在句子 S_i 中出现的频次，idf_{T_i} 为词语 T_i 在答案文本集中出现的频次，它能够表示某个词语对于不同句子的分辨能力，为了防止数量级之间的差距，其计算方式为 $idf_{T_i} = \log(M/m)$，M 为答案集合中句子总数，m 为拥有特征词语 T_i 的句子数量。利用 TF-IDF 方法利用向量之间的距离等衡量句子相似程度。对于句子 S_1 和句子 S_2 映射到 n 维空间，分别表示成为 $S_1 = (w_1, w_2, w_3, \cdots, w_n)$ 和 $S_2 = (w_1, w_2, w_3, \cdots, w_n)$，采用两个向量之间的余弦夹角来计算两个句子之间的相似度，余弦夹角越接近于 1，说明两个句子之间的相似度越大，计算见式（7-1）。

$$sim_{cf1}(S_1,S_2) = \frac{\sum\limits_{i=1}^{n} w_i \times w_i'}{\sqrt{\sum\limits_{i=1}^{n} w_i \sum\limits_{i=1}^{n} w_i'}} \qquad (7-1)$$

2）句子长度的相似度运用句子的长度差值反映。一般情况下，句子之间的差值越小，句子的长度相似度越大。假设句子 S_1 的长度为 $l(S_1)$，句子 S2 的长度为 $l(S2)$，则两个句子长度相似度计算方法见式（7-2）：

$$sim_{cf3}(S_1,S_2) = 1 - \left| \frac{1(S_1) - L(S2)}{1(S_1) + 1(S2)} \right| \qquad (7-2)$$

3）句子含有相同关键词数量也能直观的反映句子之间相似度，相同关键词数量越少，说明句子相似度越低。分别统计句子 S_1 和 S2 含有词语数量 wordCount（S_1）和 wordCount（S_2），以及相同关键词的数量 sameCount（S_1,S_2），基于相同关键词数量特征的句子相似度计算方法见式（7-3）：

$$sim_{cf4}(S_1,S_2) = \frac{2 \times SameCount(S_1,S_2)}{wordCount(S_1) + wordCount(S_2)} \qquad (7-3)$$

综合上述的基于 TF-IDF、基于句子长度和基于相同关键词数量的句子相似度计算结果，为每个相似度结果分配权重 α，得到句子 S_1 和 S_2 的基于句子关键词表面特征的相似度 Sim_{cf}，其计算式见（7-4）：

$$sim_{cf}(S_1,S_2) = \alpha_1 \times sim_{cf1}(S_1,S_2) + \alpha_2 \times sim_{cf3}(S_1,S_2) + \alpha3 \times sim_{cf4}(S_1,S_2)$$
$$(7-4)$$

其中，α_1、α_2、α_3 分别表示各个相似度的分配权重，且满足 $\alpha_i \geq 0$，三者之和为 1。

（2）基于 Word2vec 的句子语义相似度计算。在统计语言模型研究背景下，谷歌的 Mikolov 于 2013 年提出用于训练词向量的软件工具 Word2vec 模型，是 Word Embedding 的方法之一。Word2vec 最初是由 Tomas Mikolv 提出，中文翻译为词向量（Word to Vector），即用空间中的向量来表示词语。它是 Google 在 2013 年开源的一款将词表征为空间向量的模型工具，可以根据给定的语料库，通过优化后的训练模型快速有效地将一个词语表达成向量形式，为自然语言处理领域的应用研究提供了新的工具。该模型能够将每一个词语映射到相对低维度的向量空间，有效地解决传统词语向量表示时的维度问题。自 Word2vec 模型发布以来已经被广泛使用在各种文本挖掘任务中，极大地促进了 NLP 领域的发展。以其为基础进行的各种研究也在逐步递增，为本书使用提供了理论基础和实践经验。Word2vec 主要拥有两种训练模式，即 CBOW 模型（Continuous Bag-of-Words Model）和 Skip-gram 模型（Continuous Skip-gram Model）。

无论是 CBOW 模型还是 Skip-gram 模型，都是以 Huffman 树作为基础。CBOW 模型是依据上下文来预测当前词语的概率，Skip-gram 模型是依据当前词语来预测上下文词语的概率，均用人工神经网络作为分类算法。在相同条件下 Skipgram 模型与 CBOW 模型相比计算复杂度要高，但是能够对词的特征刻画相对准确，具备更好的语义区分性，得到相对较高的语义计算精度。另外，通过研究和大规模语料实验表明，Word2vec 工具可以较好地适用于中文处理，且采用 Skip- gram 模型要优于采用 CBOW 模型，所以本书选取 Skip-gram 模型作为训练模型。

Skip-gram 的模型思想如图 7-1 所示。Skip-gram 模型输入的是当前词的词向量，而输出的是上下文词语的词向量。由于输出有 n-1 个词，所以要对单个词而言，上述 CBOW 模型的沿着 Huffman 树从顶到底的过程要循环 n-1 遍。Skip-gram 模型包括输入层、投影层、输出层三层结构，其中输入层输入的是词向量 $W(t) \in R^m$，投影层的训练目的是使式（7-5）的值最大化。

$$\frac{1}{T} \sum_{t=1}^{T} \sum_{-c \leqslant j \leqslant c} + \log(W_{t+j} \mid W_t) \qquad (7-5)$$

其中，c 是词汇窗口的大小，T 是训练文档集的大小。t 表示词 w 在 T 中的位置，$p(w_{t+j} \mid w_t)$ 表示 w_t 条件下 w_{t+j} 出现的概率。

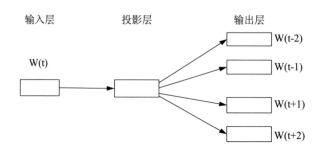

图 7-1　Skip-gram 模型结构

Skip-gram 模型中计算词汇条件概率如式（7-6）所示：

$$p(W_O \mid W_I) = \frac{V'^T_{W_O} V_{W_I}}{\sum_{W=1}^{|V|} \exp(V'^T_{W_O} V_{W_I})} \qquad (7-6)$$

其中，V_w 和 V'_w 分别是词 w 的输入和输出向量，Skip-gram 的模型的输出是霍夫曼树。

在 Word2vec 中，每个单词都被表示成了向量，这些向量通过单词之间的联系建立起关系。Skip-gram 模型能够通过训练构建词向量，使词语之间建立其联系，也使传统相似性上毫无瓜葛的词语上建立起了联系。当前社会化问答社区答案文本以短文本为主，句子采用简写较多，并且包含大量的近义词或者缩写词，在答案文本摘要生成过程中句子相似度计算较为困难，采用 Word2vec 模型能够有效解决。句子是由词语或者短语按照语法结构组成，其语义相似度建立在部分词语短语相似性的基础上。基于 Word2vec 计算句子语义相似度的步骤如下：

① 选取训练语料库。由于本书的研究对象为社会化问答社区中包含大量的流行语、口语等非规范化网络语言，所以，本书在训练 Word2vec 模型时选择微信公众号文章语料库 [1] 和中文维基百科的语料 [2] 结合，微信公众号文章属于当前比较流行文章，能够反映近年来的网络热点内容覆盖面比较广，包含流行词语和网络用语较多。利用 Python 工具对微信公众号文章语料库和维基百科中文语料进行分词训练，并将分词结果处理成 Word2vec 模型的训练格式。

② 选取 Skip-gram 模型训练分词的语料，最终得到各个词语的词向量。

③ 分别将每个句子进行分词，运用 Word2vec 模型得到每个词语的词向量，取其平均值，然后利用向量的余弦夹角值作为两个句子之间的相似度。例如：计算句子 S_1＝［"长白山"，"天池"，"二道白河"］，与句子 S_2＝［"长春"，"旅游"，"攻略"］的相似性，从 word2vec 模型中分别得到 S_1 中词语的词向量 v1、v2、v3，取其平均值 Va（avg）。对句子 S_2 做同样的处理得到 Vb（avg），然后计算 Va（avg）与 Vb（avg）两个向量的夹角余弦值，将夹角余弦值作为句子 S_1 和句子 S_2 语义相似度。计算公式如下：

$$\text{Sim}_{yf}(S_1,S_2)=\cos(\theta)=\frac{S_1 \cdot S_2}{\|A\|\|B\|} \tag{7-7}$$

（3）融合多种特征的句子相似度计算。采用融合 word2vec 和句子的多种特征从多个角度来更全面的衡量两个句子的相似度。最终得到的两个句子相似度计算公式如式（7-8）所示：

$$\text{Sim}(S_1,S_2)=a\times\text{Sim}_{cf}(S_1,S_2)+b\times\text{Sim}_{yf}(S_1,S_2) \tag{7-8}$$

其中，a，b 分别表示基于关键词特征信息、语义特征计算相似度的权重，并且满足 a+b，其中 a，b 均大于 0。

① 微信公众号语料［EB/OL］.［2017-12-30］. https：//kexue. fm/archives/4304/#__NO_LINK_PROXY__.
② 中文维基百科语料［EB/OL］.［2017-12-30］. https：//dumps.wikimedia.org/zhwiki/latest/zhwiki-latest-pages-articles.xml.bz2.

二、基于 MMR 的答案摘要生成方法

最大边界相关算法（Maximal Marginal Relevance，MMR）设计之初是用来计算查询语句与被搜索文本之间的相似度，进而对文本进行得分排序的方法。由于 TextRank 算法抽取句子生成摘要时仅仅考虑了句子的权重，没有考虑生成摘要的句子冗余度，使生成摘要信息重复和冗余。为了解决此问题，卡梅隆大学的 Carbonell 和 Goldstein 提出最大边缘相关性（MMR）方法用于文本摘要生成，该方法是一种主题驱动式的文本摘要生成方法，它在选择摘要句子时既充分考虑了抽取句子与用户信息需求的相关性，又考虑当前抽取句子与已经抽取句子之间的冗余度，特别适合用户生成答案摘要生成，既能考虑到答案摘要与问题之间的相关度，又能使生成的答案文本摘要简明扼要。MMR 算法是一种贪心算法，计算公式见式（7-9）：

$$MMR\_Score(s) = Arg\ max_{s_i \in S \backslash S'}[\lambda \times sim(V_{s_i}, V_{question}) - (1-\lambda) \times max_{s_i \in S'} sim(V_{s_i}, V_{s_j})]$$

（7-9）

其中，S 代表当前主题簇中候选句子的集合，S′ 是 S 的子集，表示已经被选为答案摘要的句子集合；S\S′ 表示没有被选为答案摘要的句子集合；V_{s_i}、$V_{question}$、V_{s_j} 分别表示当前抽取句子、问题文本、已抽取句子的向量表示形式；它们之间的相似度计算可以参照第六章第四小节的句子相似度计算方法。其中，$Sim(V_{s_i}, V_{question})$ 表示抽取句子与问题之间的相似度，即 UserScore 的值。$Sim(V_{s_i}, V_{s_j})$ 表示抽取句子与已经抽取形成答案文本摘要句子之间的相似度；λ 表示调节参数，一般设为 0.7，当 λ=0 表示不考虑抽取句子与用户信息需求之间的相关度，仅考虑答案摘要的冗余度，增加答案摘要文本的丰富度和新颖性；当 λ=1 表示仅考虑抽取句子与用户信息需求之间的相关度。

基于 MMR 算法生成答案摘要的过程是一个循环抽取句子的过程，它通过计算句子的 MMR 值对候选句子集合中的句子降序排列，将符合条件的 MMR 值最大的句子抽取成为答案摘要句子，然后从候选句子集合 S 中删除，直到抽取到 L 个句子形成答案摘要。

三、信息熵

信息是个很抽象的概念。人们常常说信息很多，或者信息较少，但却很难说清楚信息到底有多少。延伸到答案摘要中很难用一个指标评价摘要的信息含量。本书引入香农提出的"信息熵"的概念，来解决对信息的量化度量问题。香农借鉴了热力学的概念，把信息中排除了冗余后的平均信息量称为"信息熵"。信息熵通常用来量化一个系统的信息含量，并给出了计算信息熵的数学表达式。结合

相关的数学公式，本书答案摘要信息熵具体的定义如式（7-10）所示。

$$H(s) = -\sum_{i=1}^{n} p(x_i) \log p[(x_i)] \qquad (7\text{-}10)$$

其中，$H(s)$ 为摘要中一个句子的信息熵，x_i 为摘要句中的关键词，n 为关键词总数。信息熵值越大，代表摘要句所表达的知识信息越丰富；反之则越小。

第三节　基于 Word2vec 和 MMR 的答案摘要生成方法

由于答案文本具有稀疏性使得建模很困难，目前大多数答案文本摘要的生成都是基于多文档自动摘要的方法[①]。因此，本书也借鉴已有的基于多文档自动摘要方法，根据用户生成答案特点，基于 Word2vec 和 MMR 抽取答案文本集中一组重要句子组合形成答案摘要，从句子层面实现答案知识聚合。

传统的基于 MMR 的文本摘要生成过程是通过统计词频来确定摘要句中各词语的重要性，以此来生成摘要。但是以统计词频为核心的计算方式往往忽略了文本中词语或者句子语义的关联性，没有深入句子的语义层面。因此，本书通过引入 Word2vec 语义模型，通过训练获取文本句中各词语的语义化表达，以此弥补传统 MMR 方法在生成摘要中的语义表现性能差的缺陷，从而增加生成摘要的信息可读性与知识丰富性。具体算法流程描述如下：

输入：采集的句子集合 D，训练语料集合 T，待生成的答案摘要个数 m；

输出：答案摘要，答案摘要信息熵 H，答案摘要总体相似度 S，答案摘要信息质量 AIQ。

Step1：将采集到的问题答案集合中文本进行句子切分，得到句子集合 S。对答案文本句子进行分词、同义词替换，去除停用词等计算；

Step2：利用 Word2Vec 模型训练语料库模型，输入训练语料集合 T，输出词向量模型 M；

Step3：根据语料模型 M 建立每个句子的向量 S_i，利用式（7-8）计算每个句子余其他句子的相似度，运用式（7-9）计算句子得分 Score（i）；

Step4：根据句子得分 Score（i），从高到低抽取前 m 个生成答案摘要；

Step5：根据式（7-10）计算答案文本摘要的信息熵 H，根据式（7-11）计算答案文本摘要的信息质量 AIQ。

---

① 刘秉权，徐振，刘峰，刘铭，孙承杰，王晓龙. 面向问答社区的答案摘要方法研究综述［J］. 中文信息学报，2016，30（1）：1-7+15.

第四节　基于答案摘要生成的社会化问答社区知识聚合服务

社会化问答社区问题的答案数量较多，为用户获取和利用知识带来一定的困难和麻烦，并且存在知识重复和冗余问题，用户难以对问题答案全面清晰的认识，影响用户使用体验和满意度。用户急需社会化问答社区能够对问题答案进行序化重组和融合，抽取答案中的关键知识内容，形成简明扼要的总结或概括，为用户提供全新的知识服务模式。然而，答案摘要作为知识内容集成和聚合的一种有效方式，能够针对答案文本知识碎片化、冗余性、不完整性等问题，从众多答案中抽取关键知识内容，经过知识的转换、集成与合并等处理，产生新的集成化知识对象，用于为用户提供创新性的知识服务方式。文本知识摘要生成作为大数据时代的新型知识服务模式，它为解决社会化问答社区知识资源内容聚合和服务于模式提供了新思路和方法。鉴于此，本节将答案摘要生成和社会化问答社区知识服务有机结合，构建了基于答案摘要生成的社会化问答社区知识聚合服务模式。

一、基于答案摘要生成的社会化问答社区答案知识聚合服务概念及作用

当前学术界对于知识聚合服务的概念尚未形成统一界定。笔者认为，知识聚合是为了满足用户服务需求，进行知识采集、挖掘与分析组织，实现知识资源序化组织，集成为结构化知识内容为用户提供智能、便捷化的服务模式。答案摘要生成也是知识聚合的一种典型方法与手段。基于答案摘要生成的社会化问答社区知识聚合服务就是为了满足用户对于答案知识集成和概括性需求，提供更加全面、简洁和结构化的知识资源内容，利用答案摘要生成的方法对答案知识总结和融合，从而利用答案摘要为用户提供知识服务模式。

通过利用答案摘要对问题答案中的知识序化组织和集成融合，一方面可以对现有社会化问答社区知识服务质量和模式改进，改善用户对于问题答案的阅读和使用体验，提高用户获取和利用答案知识的效率和能力。既可以节省用户知识搜寻和阅读时间，又可以帮助用户快速掌握问题答案的总体概况，减少遗漏关键的知识资源内容。另一方面通过对已有问题答案知识的序化组织和整合，可以提高社会化问答社区答案知识的重用率。同时，基于答案摘要生成的社会化问答社区知识聚合服务作用功能还体现在针对大量的相似问题，可以进一步对相似问题的答案知识资源内容进行总结和融合，凝练和发现新的知识，

实现知识创造和创新，从而为社会化问答社区用户提供高质量的知识服务。

二、基于答案摘要生成的社会化问答社区知识聚合服务模式

本书将答案摘要生成过程与社会化问答社区知识服务相结合，构建了基于答案摘要生成的社会化问答社区答案知识聚合服务模式，为社会化问答社区开展多层次、个性化和创新型知识服务提供支持，如图 7-2 所示。

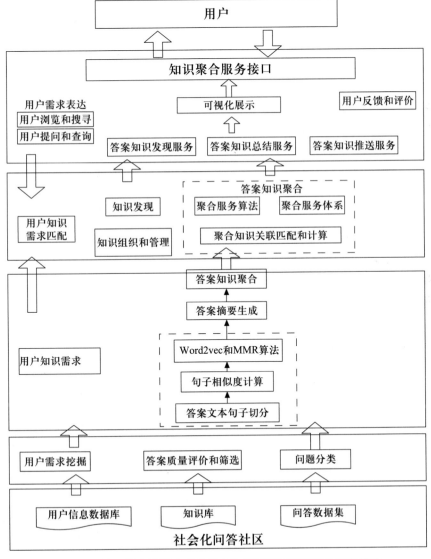

图 7-2　基于答案摘要生成的社会化问答社区知识聚合服务模式

通过采集数据建立社会化问答社区问答数据集、用户信息、知识库等资源数据集，然后根据不同的问题类型，结合用户需求特征，运用答案摘要生成方法自动化生成答案摘要。从而实现基于答案摘要的社会化问答社区答案知识聚合服务功能，向用户提供答案知识融合、知识发现等服务。

基于答案摘要生成的社会化问答社区答案知识聚合服务包括用户知识需求获取和挖掘、数据采集和预处理、答案质量评价和筛选、答案摘要生成、答案知识聚合服务准备、答案知识聚合服务提供等阶段。其中，数据采集和预处理是基于答案摘要生成社会化问答社区提供答案知识聚合服务的数据保障层，运用网络爬虫采集问答数据集、用户信息等数据资源，进行简单化处理存储到问答数据集和用户信息数据库，为后续答案摘要生成和知识聚合服务提供数据基础。另外，还需要依据用户信息、用户检索式、提问问题等数据获取和挖掘社会化问答社区用户的知识需求，为后续知识服务提供基础。

（1）答案质量评价和筛选阶段。采用 GA-BP 神经网络方法进行答案质量评价和筛选是为了筛选出高质量答案用于答案摘要生成，保证用户生成答案知识融合服务提供的知识内容质量和可信度。另外，由于答案摘要生成需要依据问题类型选取不同方法，所以还需要完成对社会化问答社区的问题类型分类，主要识别和划分概念类、意见选择类、观点评价类三种类型问题。

（2）用户生成答案摘要生成阶段。利用答案摘要生成方法实现答案知识的聚合，为后续开展答案知识聚合服务提供支撑，属于基于答案摘要生成的社会化问答社区答案知识聚合服务的关键步骤。依据前述章节设计的答案摘要生成方法步骤，首先运用 python 工具库中 jieba 分词功能切分答案文本句子，其次采用改进的 Word2vec 和 MMR 算法生成答案摘要。对于答案摘要生成认为是对答案知识的总结和融合，完成了对于答案知识聚合。

（3）答案知识聚合服务准备阶段。答案知识聚合服务阶段主要是通过匹配用户知识需求，为提供知识聚合服务做准备，设计社会化问答社区知识聚合服务功能和服务模式。答案知识聚合准备阶段包括知识聚合服务算法、服务体系构建、服务知识内容关联关系挖掘、计算、匹配等部分。知识聚合服务算法用于聚合结果整合和表达、推送和呈现，以及答案摘要中新知识挖掘和发现，包括知识融合算法、知识发现算法等，为社会化问答社区开展各类答案知识聚合服务提供技术支撑，保障知识聚合服务的准确性和高质量。服务体系主要是构建基于答案摘要生成的社会化问答社区知识聚合服务的保障体系、协同体系、技术支撑体系等，设计和开发用于知识聚合服务的功能界面和操作页面；答案知识关联知识关系挖掘、匹配、计算等用于匹配用户服务需求与答案知识资源。面向用户知识需求生成个性化答案摘要为社会化问答社区开展知识聚合服务提供知识资源内容保障。另外，基于答案摘要生成方法能够对答案中知识内容总结和概括，发现答案中的新知识和知识关联，为社会化问答社区答案知识总结、序化组织、导航索引等服务准备资源内容。

（4）答案知识聚合服务提供阶段。知识聚合服务提供阶段是社会化问答社区提供答案知识提供和用户交流互动功能实现过程。其中，用户知识需求主要是通过提问、浏览、查询等方式表达。知识可视化是社会化问答社区运用知识图谱、社会网络等工具对知识聚合服务提供知识资源进行可视化呈现。知识聚合服务效果的评价和反馈部分是用户通过评论、留言、评分等方式，依据自身接受服务的感受和体验，反馈和评价答案知识聚合服务的效果，协助社会化问答社区改善和优化答案摘要生成方法，以及知识聚合服务模式和内容。社会化问答社区基于答案摘要主要向用户提供知识总结服务、知识推送服务、知识发现等聚合服务方式。

1）知识总结服务。知识总结服务就是社会化问答社区运用答案摘要对答案包含的知识内容形成简明扼要的总结，利用形成的答案摘要为用户提供问题答案或者知识主题的知识总结服务。答案知识总结服务能够帮助用户迅速了解和掌握答案中的核心知识内容，满足用户对于答案知识概括和全面需求。

2）知识推送服务。知识推送服务是社会化问答社区针对同一类主题或话题下知识内容利用答案摘要形成知识报告，结合用户知识需求，把形成报告或文章推送给用户，为用户提供知识推送服务。答案知识推送服务属于主动式知识服务模式，需要社会化问答社区深入获取和挖掘用户需求和兴趣，结合用户需求开展个性化知识推送服务模式。它能够加强社会化问答社区用户生成答案知识利用和交流，扩展答案知识流动范围。同时也能够满足用户个性化知识服务需求，提高社会化问答社区用户的粘性和满意度。

3）知识发现服务。知识发现服务就是社会化问答社区利用生成答案摘要过程中发现的答案知识融合后形成的新知识和知识关联为用户提供知识服务。基于答案摘要的答案知识发现服务能够满足用户知识创造和创新需求，协助社会化问答社区进行知识发现和创造，提高知识服务能力和价值。

第五节　应用研究——以"知乎"网站为例

一、自动文本摘要评价指标

高质量且具有可重用性的答案摘要应该具有可靠性、完整性、简洁性、主题内聚性等特征 [1]，但是无法通过具体数值进行准确的测量。当前对于答案摘要结果质量评价没有形成准确的评价方法，对于答案文本摘要的评价方法大多数沿用了多文档文摘评价中使用的面向召回率的要旨评估 ROUGE 方法，或使用相关性和冗余度分别计算的方法。这要求摘要文本事先具有标准摘要等信息作为参考基准。如通过手动形成标准摘要 [2] 或是通过已有的专家摘要 [3] 对测试数据集生成摘要进行检测。而社会化问答社区的答案文本是多用户参与、共同创造的信息或知识，本身不具有统一、标准的参考内容，用一般的评价方法评价社会化问答社区的知识内容缺少合理性。同时目前国内社会化问答社区发展缓慢，其相关的问答文本还不足够丰富，无法进行大规模数据收集。

本书针对社会化问答社区用户生成内容的生成摘要特殊性，引入基于信息熵与相似度的信息质量评测指标，从文本的信息丰富程度讨论改进算法的优越性。社会化问答社区答案摘要文本是对一个问题主题中多个知识点的浓缩和总结归纳。其内容在拥有高丰富度的同时，应保证摘要句之间具有一定的信息多样性。信息熵保证了文本的信息丰富程度，而通过文本相似度可以剔除信息中的冗余成分。基于此，本书利用信息熵与摘要整体相似度的差值来检测社会化问答社区答案摘要的信息质量，具体如式（7-11）所示。

$$AIQ = \sum_{S_i \in A} H(S_i) - \sum_{S_i, S_j \in A} Sim(S_i, S_j) \qquad (7\text{-}11)$$

其中，AIQ 为生成答案摘要的信息质量，$H(S_i)$ 为各摘要的句的信息熵，$Sim(S_i, S_j)$ 为相应摘要句的相似度。

[1] Tomasoni, Mattia, and Minlie Huang. Metadata-aware Measures for Answer Summarization in Community Question Answering [C]. Proceedings of the 48th Annual Meeting of the Association for Computational Linguistics. Association for Computational Linguistics, 2010.

[2] 应文豪，肖欣延，李素建，吕雅娟，穗志方. 一种利用语义相似度改进问答摘要的方法 [J]. 北京大学学报（自然科学版），2017，53（2）：197-203.

[3] 刘娜，路莹，唐晓君，李明霞. 基于 LDA 重要主题的多文档自动摘要算法 [J]. 计算机科学与探索，2015，9（2）：242-248.

二、数据预处理

为了更好地验证本文改进算法在社会化问答社区答案摘要生成的效果，本书从知乎、博派专利论坛等社会化学术问答社区中选取部分概念解释类问题、意见咨询类问题，分别针对各问题下的用户生成问答内容进行自动摘要生成实验。具体的概念解释类问题：墨菲定律解释（Q1）、木桶定律解释（Q2）、引力波概念解释（Q3）；意见咨询类问题：专利撰写经验分享（Q4）。文本数据处理、模型训练、算法实现的实验环境为 Anaconda，机器语言为 Python 3.0。本书使用的 Word2Vec 方法的模型为 Skip-gram 模型，训练词向量维度为 256 维，具体语料为 800 万篇的微信公众号文章，模型词数达 30 万以上[①]。

本书通过 Python 设计爬虫收集到的学术问答社区用户生成内容包含了文本、图片、网页链接等不同类型的数据，并且文本内容中包含特殊符号、停用词等。由于图片、网页链接、文本特殊符号、文本停用词等对文本摘要实验效果无明显影响。因此剔除掉图片、网页链接等数据，引入"哈工大停用词表"剔除文本中的特殊符号和停用词。通过上文提到的 Word2Vec 方法训练词向量语料模型，将词语向量嵌入 MMR 方法的句子得分计算中，最终获取对应实验数据的摘要。同时文本引入原始 MMR 算法、TextRank 算法与改进的 Word2Vec–MMR 算法进行实验对比分析。

三、答案摘要生成效果对比分析

为了体现 Word2Vec–MMR 算法的有效性和优越性，分别对四组实验数据做生成摘要的对比分析。文本数据分别为：墨菲定律解释（Q1）、木桶定律解释（Q2）、引力波概念解释（Q3）、专利撰写经验分享（Q4）。其中，Q1、Q2、Q3 属于概念解释类问题，Q4 属于意见咨询类问题。因摘要文本篇幅过长，部分摘要内容进行了省略。

表 7-2　墨菲定律解释（Q1）生成摘要对比表

算法	生成摘要
MMR	墨菲定律发生了！根据"墨菲定律"，①任何事都没有表面看起来那么简单；②所有的事都会比你预计的时间长；③会出错的事总会出错；④如果你担心某种情况发生，那么它就更有可能发生

---

① 苏剑林.［不可思议的 Word2Vec］2. 训练好的模型［EB/OL］.［2017–04–03］. https：//kexue.fm/archives/4304.

续表

算法	生成摘要
TextRank	这就是墨菲定律，担心的事总会发生。如果让我尝试用最简单的一句话去解释墨菲定律的话，我宁愿选择更侧重心理学角度，解释如下："墨菲定律——担心的事总会发生
Word2Vec–MMR	"墨菲定律"与"彼得原理""帕金森定律"并称为 20 世纪西方文化三大发现，关于墨菲定律的主要内容概括如下：①任何事都没有表面看起来那么简单；②所有的事都会比你预计的时间长；③会出错的事总会出错；④如果你担心某种情况发生，那么它就更有可能发生。你预感你 12 岁儿子倒水会失败，因为你知道儿子的心智、体力、性格、经验、责任心，任何一个环节都有可能掉链子，而导致倒开水失败，而这种担心往往会成真

表 7-2 为三种算法对于墨菲定律解释的摘要生成情况。从表 7-2 中可知，原始的 MMR 算法选取了"墨菲定律发生了！"作为其中的生成摘要句，从该问题的解释角度来看，该句无明显解释意义，而原始的 MMR 算法的摘要信息熵为 1.683539，是三个算法中最低的。TextRank 算法生成的摘要文本对墨菲定律进行了一定的解释，其信息熵值为 1.747514。但对比其生成的摘要句发现"担心的事总会发生"这个解释语段在摘要中重复出现，从文本多样性角度来说，TextRank 算法略显不足。其摘要文本的总相似度为 0.882035，信息质量为 0.865479，而本书提出的 Word2Vec–MMR 算法三项指标都优于前者。

表 7-3　木桶定律解释（Q2）生成摘要对比

算法	生成摘要
MMR	所谓的"斜木桶原理"，"长板理论"其实是个文字游戏，"就木桶而论木桶"了。好像也叫"短板效应"，一个木桶，由高低不一样的木板组成，人们往往认为最高木板就是关键，但是却恰恰相反，最短的木板，取决了木桶能装多少水
TextRank	"木桶原理"也称"短板理论"，说的是："一个水桶无论有多高，它盛水的高度取决于其中最低的那块木板。不过，最近看到一个新木桶理论，它说，你要是把木桶倾斜一下，这时候决定盛水量的就不是短板，而是长板了
Word2Vec–MMR	很多人提到"木桶原理"，都不知不觉结合自身个人来理解，或自省或顿悟或励志……个人感觉"木桶原理"可能主要针对"群体概念"吧，比如在管理一个群体的过程中，会发现某个短板确实导致了这个群体的劣势，并且从历史中有大量经验统计上说就是因为某个短板导致了整体的失败，比如一支军队，就因为某个兵某个将的失误，前功尽弃，甚至全军毁灭。比如说：木桶有底，木板与木板之间不漏水，我们要的是水，不是油，不是饭，木桶能乘的水是越多越好，我们不用考虑是不是要移动木桶，能乘起来摆个 Pose 就行了……当然，这样的抽象保证了木桶原理有很强的可移植性，随便找个符合的事实想办法用逻辑将接口对接，就又是一个例证

从表 7-3 中的木桶定律的摘要生成对比看出，本书改进的 Word2Vec-MMR 算法与其他两种算法相比，生成的摘要内容更加丰富，信息质量更好。其中原始 MMR 算法的摘要信息熵为 1.556297，TextRank 算法的摘要信息熵为 1.83533，Word2Vec-MMR 的摘要信息熵为 2.207218。从内容上看，原始 MMR 算法和 TextRank 算法生成的摘要结果都仅是简单解释了木桶定律的概念，而 Word2Vec-MMR 算法的摘要结果举例说明了木桶原理的在生活中的发生场景，其内含的知识更加的丰富，更容易理解。

表 7-4 引力波概念解释（Q3）生成摘要对比

算法	生成摘要
MMR	这个"引力波"是如何产生的？时空为何会弯曲，爱因斯坦在广义相对论中告诉我们物体的质量会让时空弯曲，一旦物体发生运动或质量发生变换，时空的弯曲程度就会变化，形成了涟漪一般的波，就会向外传播
TextRank	时空扭曲也只不过是形变，在质变的范围，能量的冲击胀大或是缩小了空间引力波在物理学中是指时空弯曲中的涟漪，通过波的形式向外进行辐射源传播，引力波可以以引力辐射的形式来传输能量，而早在 1916 年爱因斯坦就预言了引力波的存在，而今才真正地被人类所发现，可以想象，爱因斯坦的推论让我们研究了 100 年才得以证实。我们可以用引力波观测用电磁波没法看到的黑洞，还有占了宇宙质量 95.1% 的暗物质和暗能量，等引力是一种可以跨越不同维度的力，通过研究引力波，或许有朝一日我们可以实现时间旅行
Word2Vec-MMR	引力波在物理学中是指时空弯曲中的涟漪，通过波的形式向外进行辐射源传播，引力波可以以引力辐射的形式来传输能量，而早在 1916 年爱因斯坦就预言了引力波的存在，而今才真正的被人类所发现，可以想象，爱因斯坦的推论让我们研究了 100 年才得以证实。我们测量引力波的设备是一个巨大的"L"形，如下图的两个绿色的臂，两臂的尽头，我们可以理解为一个镜子，激光发射然后反射回来，就可以测出两臂的长度在产生时空的涟漪中，大家请仔细看上面两个图中方块的变化，时空不停被压缩，变成又高又瘦（如果不明显的话请看下图第一个黑色长方形），然后被拉伸，变成又矮又胖（如果不明显的话请看下图第二个黑色长方形）也就是说引力波经过时，它会挤压或者拉伸探测器的双臂，一个方向拉伸，另一个方向压缩，我们用"光速"这把尺子（也就是通过光发射出去，再反射回来的时间）可以非常精确地测量出在哪个方向增长了，在哪个方向上压缩了

表 7-4 是关于引力波解释的用户内容文本生成摘要的对比结果。在信息熵值中：原始 MMR 算法的生成摘要信息熵为 1.125889，TextRank 算法的生成摘要信息熵为 2.265215，Word2Vec-MMR 算法的生成摘要信息熵为 2.303834。

由此可见，本书提出的改进算法在该问题中能获得信息量更加丰富的摘要内容。从内容上看，三种算法都做到了对引力波概念的解释，但 Word2Vec-MMR 算法的生成摘要在介绍引力波概念的同时引入详细图文描述，更加直观地展示了引力波这一抽象概念。

表 7-5　意见咨询类问题（Q4）生成摘要对比

算法	摘要
MMR	我是企业的专利管理人员，也写点案子：我觉得首先要根据技术交底资料检索最相关的现有技术，重新判断一下新颖性和创造性……说明书的撰写要特别注意具体实施例的数量和质量问题，以能充分支持权利要求。若专利授权前景较大，专利代理人要提出明确的申请方案、保护的范围和内容，在征得申请人同意的条件下开始准备正式的申请工作
TextRank	其实个人感觉电路的案子很容易，简单地说就是模块化……尽快写的详细一些，尤其是实施例要多一些，这样在修改时便可以将说明书中的一些内容添加到权利要求书中。我是企业的专利管理人员，也写点案子：我觉得首先要根据技术交底资料检索最相关的现有技术，重新判断一下新颖性和创造性……说明书的撰写要特别注意具体实施例的数量和质量问题，以能充分支持权利要求
Word2Vec-MMR	本人从事专利工作到现在有一年半，撰写专利申请大约 120 件，本人认为做好下面几点比较重要：①与发明人交流，充分理解发明创造；……⑤在撰写说明书时介绍某一零部件按一定逻辑（如从上到下、从左到右、从内到外等）可使全文看起来有条而不乱。我是 2006 才从事专利工作的，一开始简直对专利一无所知，……①在独立权利要求中，我多写了一个句号，比如："一种某某制剂，其特征在于是由以下重量比组成"；②在递交实审请求与费用减缓请求书时，在第一栏申请人填写处没有填写，只是在第六栏中申请人签字

表 7-5 是三种算法对于专利撰写经验分享的摘要生成情况。从表 7-5 中可知，原始 MMR 算法和 TextRank 算法所生成的摘要都对"Q4 专利撰写经验"问题进行了一定的解释，其中原始 MMR 信息熵值为 2.953748，TextRank 算法为 4.097222。对比改进的 Word2Vec-MMR 算法可发现，其生成的摘要对问题的解释进行了分点、分项阐述，对于分享的知识全面又完整，而原始 MMR 算法和 TextRank 算法所生成的摘要只是对该问题进行了部分的解释，并不构成体系。Word2Vec-MMR 算法生成摘要的信息熵值为 4.275654，高于其他两种算法，其摘要的总体信息相似度为 0.85885 和信息质量为 3.416804，两项指标都优于 TextRank 算法。

四、量化指标对比

为了保证算法评价标准的合理性，本书的摘要生成实验在同一个问题下采用统一的摘要句数。根据上节相关度量指标分别计算 MMR、TextRank 和 Word2Vec–MMR 算法生成摘要的信息熵、相似度与信息质量，结果如表 7-6 所示。

表 7-6 中的原始 MMR 与 TextRank 算法的指标对比可知：原始 MMR 算法是一种注重摘要文本多样性的方法，其摘要相似度水平总体较低，优于 TextRank 算法，而 TextRank 算法着重关注摘要文本句的重要性程度，信息熵和信息质量对比中，原始 MMR 算法逊色于 TextRank 算法。改进的 Word2Vec–MMR 算法在信息熵和信息质量对比中高于原始 MMR 算法，相似度水平两者在不同数据集中各有优劣，说明改进算法在保留了 MMR 算法注重摘要句多样性的同时，提高了摘要文本的内容丰富度。从 TextRank 算法与 Word2Vec–MMR 算法的三个指标对比中可知：改进算法的生成摘要信息熵值高于前者，即摘要内容的重要性高；改进算法的生成摘要总体相似度低于前者，即摘要内容的多样性强；改进算法的生成摘要信息质量高于前者，即摘要内容所表达的总体知识水平好。

五、实验结果与结论分析

根据上述章节 3 类算法生成摘要结果对比情况可知，本书提出的 Word2Vec–MMR 方法在概念解释类问题和意见咨询类问题中的自动生成摘要均优于其他两种算法。在概念解释类摘要生成中：本书改进的 Word2Vec–MMR 算法在对"墨菲定律"基本概念进行解释的同时，选取的摘要句以生活例子融入墨菲定律的解释中，为求知用户对问题概念的理解提供了更加全面的信息。在意见咨询类摘要生成中：文本改进的 Word2Vec–MMR 算法对"撰写摘要经验分享"生成的摘要丰富程度高，生成的摘要以多个知识点分列出了对于摘要撰写的经验理解，逻辑清晰，专业性强。

根据上述章节量化指标对比情况可知，Word2Vec–MMR 算法具有信息复杂程度高，信息冗余程度低、信息质量高等优势。原始 MMR 算法过于强调了生成摘要的多样性，忽略了摘要对问题描述的准确程度；TextRank 算法过于强调问题的解释性，忽略了摘要文本的多样性表达；文本提出的 Word2Vec–MMR 通过 Word2Vec 方法实现了摘要句中关键词的语义化表达，强化了摘要文本对于全文的解释性，并保留 MMR 算法对于摘要文本多样性的贡献。

表 7-6 量化指标对比

样本	MMR			TextRank			Word2Vec-MMR		
	信息熵	相似度	信息质量	信息熵	相似度	信息质量	信息熵	相似度	信息质量
Q1: 墨菲	1.683539	0.722555	0.960984	1.747514	0.882035	0.865479	2.141458	0.718699	1.422759
Q2: 木桶	1.556297	0.844949	0.711348	1.835332	0.808753	1.026579	2.207218	0.759589	1.447629
Q3: 引力波	1.125889	0.461709	0.66418	2.265215	0.911569	1.353646	2.303834	0.711691	1.592143
Q4: 专利	2.953748	0.778525	2.175223	4.097222	0.890185	3.207037	4.275654	0.85885	3.416804

　　综上所述，本书提出的 Word2Vec–MMR 算法与传统的摘要生成算法相比效率更高，实用性更强。对学术社区知识内容概括具有高准确性，在学术社区知识聚合服务中具有良好的应用性，它能帮助社区内用户更清晰地把握专业知识，为学术用户快速获取某一领域专业知识提供了方法。

第八章

提升社会化问答社区知识聚合及服务能力的策略

前文探究了基于知识聚合的社会化问答社区知识服务体系、提出了基于标签聚类、答案摘要生成的知识聚合方法和相应知识服务模式。本章从知识服务主体、用户、知识服务技术、知识服务环境等不同服务要素出发，针对性地提出提升社会化问答知识聚合及服务能力的策略，为社会化问答社区知识服务运营提供参考。

第一节　知识服务主体层面

一、树立面向用户需求的知识聚合服务理念

随着 Web3.0 时代和互联网发展，用户对于社会化问答社区知识服务的要求越来越高，期待问答社区不仅仅简单提供问答服务，更是要深入挖掘和组织知识内容，提供个性化、聚合化和高效化的知识服务。尤其在"用户为中心"和社会化问答社区竞争激烈情境下，如何基于用户需求提供高质量的知识服务，吸引用户接受和利用社会化问答社区，增加用户的忠诚度成为知识服务面临亟须解决的问题。目前，各类社会化问答社区基于用户生成答案知识聚合开展知识服务的意识还比较弱。这就需要社会化问答社区改革和优化知识服务模式，转变知识服务的思路和理念，适应当前的互联网发展和用户需求变化，树立面向用户需求的知识聚合服务理念。从新的角度和思路重新构建知识服务体系，加强主动知识服务意识。深入调查分析、挖掘和获取用户知识需求，运用数据挖掘、机器学习、人工智能等技术手段挖掘和组织知识，进而有效地把握知识服务的内容和方向。

二、深入挖掘用户多层次知识服务需求

用户知识服务需求刺激是基于知识聚合的社会化问答社区知识服务动力，获取和挖掘用户知识需求是基于知识聚合的社会化问答社区知识服务的起点。通过对社会化问答社区用户知识需求分析，发现用户知识服务需求体现出多层次、动态化、集成化和精准化等特点，而且在社会化问答社区基于知识聚合开展知识服务时，首先需要调研分析、获取和采集用户知识需求，不仅采集和获取用户外化显性知识需求，还要深入挖掘用户潜在知识需求，准确地把握用户需求内容与方式、全面深刻理解用户知识行为和规律。此外，随着情境和认知的深入，用户知识需求呈现动态化的变化，社会化问答社区还需要及时发现和挖掘用户需求的变化，适时做出服务内容和方式的调整。

三、优化和创新知识服务模式

当前社会化问答社区以问答式、检索查询式、RSS 式知识服务模式为主，其知识服务模式单一，缺乏创新性。而且现有的知识服务模式随着移动互联网、Web3.0 和大数据时代的到来，难以适应发展要求，无法满足用户知识需求，缺乏智能化和精准化。这就要求社会化问答社区顺应时代发展的潮流，不断地努力探索知识服务的新视角，借助大数据挖掘、人工智能等方法提升知识服务技术水平。改革和创新知识服务体系，使社会化问答社区知识服务朝着更精准化、智能化、聚合化、高效化的趋势发展。

另外，当前的社会化问答社区知识服务以被动式知识服务为主，用户在使用社会化问答社区知识服务过程中，期待服务主体能够提供符合自身兴趣和情境化的知识资源，满足用户个性化的知识需求。所以，社会化问答社区应该加强主动式知识服务，通过挖掘和获取用户知识需求、兴趣爱好，以及当前热点知识资源，采用推荐方式开展主动式知识服务模式，加快知识流转的速度和效率，提高社会化问答社区知识服务的质量和用户体验度。

四、加强知识服务人才队伍建设

基于知识聚合的社会化问答社区知识服务对知识服务人才的综合素质要求更高。创新和改革知识服务理念和模式需要专业性、技术性等新型复合型人才的支撑，既要掌握最新的知识聚合和组织技术和手段，又要具有知识管理的能力，从而确保知识服务的专业性、科学化和高效化。社会化问答社区要通过招聘、培训和进修等方式加强知识服务人才的队伍建设，建立一个高素质和能力的知识服务团队。知识服务团队内部涉及负责知识资源采集与发布、监管控

制、与用户互动交流、知识挖掘和组织、接收用户反馈意见、运营管理社会化问答社区等各个方面的服务人员，并做到合理分工与协同合作。最为主要的是加强知识挖掘和组织等技术人才的建设，能够最优化实现用户知识需求获取和知识内容聚合和组织，为知识服务提供技术支撑。基于知识聚合的社会化问答社区知识服务若要实现可持续发展，服务主体就必须在明确自身定位的前提下，全面提升自身的服务能力和素养。

第二节　知识服务对象层面

一、提高用户知识服务需求的外化能力

用户一直以来都是社会化问答社区的核心竞争力，用户数量和活跃度决定社区的活力和未来发展。基于知识聚合的社会化问答社区知识服务是以满足用户知识服务需求为最高目标和任务。因此，社会化问答社区需要充分的了解和获取用户知识服务需求。这就需要用户提高自身知识服务需求的表达能力，能够将自身隐性知识需求进行清晰表达和转化成为显性需求，协助社会化问答社区较好的获取知识服务需求。用户应该通过搜寻社会化问答社区已有需求相关知识，加强自身对于知识需求的认知和了解，不重复的提交知识需求，及时更新和补充知识需求内容，优化社会化问答社区用户知识需求表达组织。社会化问答社区也应该设置相关功能引导用户参与表达知识需求，提供知识需求外化期间的清晰表达辅助措施和工具，消除知识需求的重复提交和表达，提高社会化问答社区知识需求的组织和表达能力。

二、积极参与知识服务效果评价和反馈

社会化问答社区知识服务离不开用户的积极参与和互动。用户的规模与活跃程度对社会化问答社区知识服务的质量和效果起到至关重要的作用。吸引用户积极参与和互动交流，延长用户参与时间，提高用户互动程度是促进社会化问答社区知识服务持续发展的重要保证。基于知识聚合的社会化问答社区知识服务属于动态服务过程，需要依据用户的反馈和需求动态变化，调整社会化问答社区知识服务的内容和模式，从而提高知识服务的能力和质量。这就要求用户不仅作为知识服务接受者，也是要积极参与到知识服务效果评价和反馈，通过评分或者留言、交流互动等方式将自身评价或意见反馈到平台，参与到知识服务模式的改进和优化，使知识服务能够更好地满足自身知识需求，提高用户

体验和满意度。

三、积极参与平台知识生产和质量监控

社会化问答社区的知识资源以用户生成为主，只有用户大量参与知识生产和创造，才能保障知识服务具有足够的资源。用户不仅要作为社会化问答社区的知识接受者，还要参与知识生产和创造，将优质的知识内容分享到问答社区。知识质量受到回答者的专业性和权威性的影响。这就要求社会化问答社区严格管理控制知识生产者的质量，保障知识来源的可信度和可靠性。问题答案生成者和协助编辑者具有一定的责任意识，知识资源内容生成的过程中遵循问答社区规章制度，注重生成答案文本规范性和合理性，保障知识内容格式统一性和规范化，为后续答案文本知识资源内容挖掘和聚合组织提供方便。还要保证生成知识内容的科学性和专业性，杜绝发布广告、虚假等与问题无关知识。

另外，回答者参与问题回答过程中要阅读其他答案知识，不重复生成知识，减少答案知识内容的冗余度。用户作为社会化问答社区问题和答案知识内容质量的监控者，要发挥积极作用。知识获取和利用过程中积极举报垃圾知识，过滤低质量知识，协助编辑改正错误知识，提高知识服务内容的质量和可信度，从而提高基于知识聚合的社会化问答社区知识服务能力和质量。

第三节　知识服务技术方面

一、优化和改进知识挖掘和聚合组织技术

聚合层是基于知识聚合的社会化问答社区开展知识服务的关键层，其核心是各类知识挖掘和聚合组织算法和工具设计和应用。大数据处理、人工智能、机器学习、知识组织等技术方法为知识挖掘和聚合组织提供了支撑，但是当前构建的基于知识聚合的社会化问答社区知识服务采用知识挖掘和聚合组织技术并没有达到理想状态和效果，还需要不断地优化和改进算法性能，减少算法的时间复杂度，提高技术方法的准确性。本书应用的标签共现、关联规则和答案摘要生成的知识聚合和组织方法，其大多数技术和方法来源于文档知识资源处理和已有知识聚合方法，后续的研究中应该设计和开发适用于短文本、非结构化、以用户生成内容为主的答案文本知识资源组织和聚合方法，不断提高知识聚合和组织的效果。

另外，当前信息技术、人工智能、数据挖掘等数据计算、处理技术迅速的发展。为了适应知识服务需求，社会化问答社区应该不断吸收和利用当前先进数据处理和挖掘组织技术，应用于提高知识服务的能力和质量，增强知识服务优势和用户体验度，完善基于知识聚合的社会化问答社区知识服务。同时在知识服务方式和方法上，要进一步创新和改革传统的服务模式，变被动服务为主动服务，积极开展知识推荐、知识发现等服务方式。

二、搭建基于知识聚合的新型知识服务系统

社会化问答社区开展基于知识聚合的知识服务需要构建基于知识聚合的知识服务系统。社会化问答社区应该运用计算机编程、人工智能等技术设计和开发相应的知识服务系统，为基于知识聚合的知识服务提供途径和工具。搭建的知识服务系统分为知识资源采集、知识资源存储、知识分析和挖掘、知识聚合组织、知识服务提供等多个功能模块，注重各个功能模块之间的协作和交互，拥有良好的展示和检索界面，形成多平台、跨平台、一站式的综合性服务平台。知识聚合服务系统应支持和提供社会化问答社区用户生成答案的知识导航、知识推荐、知识发现、知识融合等多种服务模式，综合运用多种知识挖掘及聚合组织的技术方法，对知识资源内容进行深入挖掘和分析。

另外，基于知识聚合的社会化问答社区知识服务体系对问答社区基础设施的要求更高。因此，社会化问答社区要加大对于信息基础设施的投入，构建先进的知识聚合技术支撑平台。优化内外部环境网络，积极投入和开发相应的技术产品，为社会化问答社区知识服务提供良好的技术支撑和保障，更大限度地发挥知识挖掘和聚合组织技术的作用。

第四节　知识服务环境方面

一、优化社会化问答社区内外部知识服务环境氛围

基于知识聚合的社会化问答社区知识服务开展需要创建良好的内外部服务环境和氛围。通过对规章制度、信息技术及各种经济收益等因素进行有效的管理和整合，从而保障和支持知识服务活动。首先，基于知识聚合的社会化问答社区知识服务离不开法律和制度的支持，只有规范化互联网制度和完善相关法律才能为服务开展提供可靠的保障。在开展知识服务的过程中遵循相关互联网

法律法规，规范知识服务行为，适应和接受当前互联网环境和氛围。其次，社会化问答社区知识服务也受到内部知识服务氛围和制度的影响，社会化问答社区要创造良好的内部知识服务环境和氛围，构建基于知识聚合的知识服务体系，树立主动式知识聚合服务理念和思路，通过构建物质激励和精神激励、长期激励和短期激励相结合的激励机制，制定和采取相应的激励措施鼓励服务人员积极参与。通过建立社会化问答社区知识服务质量考评机制，定期对各项服务功能和服务质量及影响力等进行检查考核，促进社会化问答社区知识服务的可持续发展。

二、加大社会化问答社区的推广和宣传力度

用户对于社会化问答社区、知识服务主体、知识服务本身的信任一般都是基于自身的认知对社会化问答社区的知名度和影响力等进行判断。然而社会化问答社区作为新型的知识交流传播与服务渠道，虽然发展态势迅猛，出现了大量的综合型和垂直化的领域问答社区平台，知识内容资源也是呈现几何式增长，但是它并不像搜索引擎的普及度那么高，用户群体数量和关注度仍然较低。这就需要社会化问答社区建设过程中要加大宣传推广力度，运用线上线下等多种途径宣传推广，增加社会化问答社区的普及度和服务范围，让用户知晓、接受和利用社会化问答社区的功能和作用。

另外，基于知识聚合的知识服务模式需要对答案知识内容进行重新组织和序化，主动式知识推送服务模式可能会涉及知识产权问题。这也需要社会化问答社区从知识采集、组织和传递共享的过程中树立知识产权保护意识，尊重用户生成答案的知识产权，利用水印、声明等方式明确知识传递、共享和传播的产权问题。通过鼓励和培训用户知识产权意识，确保知识服务活动的规范性和科学性。

三、加大知识可视化技术应用

基于知识聚合的社会化问答社区知识服务过程，用户与社会化问答社区服务对接流畅性、系统的响应速度、反馈情况和使用的难易程度是影响用户体验和感知知识服务质量的重要因素。因此，社会化问答社区在设计知识服务接口功能和界面时要注重服务接口的易用性、流畅性和容错性，保障用户高效快捷使用知识服务功能，高效获取知识内容。在交互功能方面，社会化问答社区要不断丰富交互方式和功能，促进用户互动频次和程度的增加，促进和吸引用户积极参与到知识服务效果反馈和评价中来。在界面设计方面，不仅要凸显知识服务功能，而要符合用户使用智能终端设备的行为习惯，还要注重知识

服务页面布局的精致美观性和类目导航的清晰合理性，增强知识服务平台的结构性和层次性，便于用户能够快速搜寻和获取知识，提高用户的服务体验和满意度。

另外，社会化问答社区还要加强可视化技术的应用，运用可视化技术将服务知识内容呈现和表达，能将各种抽象知识及其内在联系以图形化的具体方式呈现在用户面前，使知识内容转化为有意义和可理解的视觉表征，提高用户知识获取和利用效率，通过更加直观形象的模式展示知识聚合服务结果。

研究结论与展望

第一节 研究结论

社会化问答社区已成为网络用户获取和利用知识的重要渠道，然而随着大数据和移动互联网时代到来，用户知识需求发生了很大的变化，当前已有的社会化问答社区知识服务模式难以满足用户的多样化、精准化和智能化的知识服务需求，需要创新和优化知识服务模式。鉴于此，本书将知识聚合思想和理念引入到社会化问答社区知识服务。首先，分析了社会化问答社区知识流动和用户知识需求，提出了基于知识聚合的社会化问答社区知识服务体系框架，认为用户生成答案质量评价和筛选是知识聚合服务的关键步骤，提出了用户生成答案质量自动化评价方法。其次，分别设计和提出了三种用户生成答案知识聚合方法，并基于知识聚合方法构建了相应的知识服务模式。最后，提出了促进基于知识聚合的社会化问答社区知识服务能力的策略。本书主要的研究过程和结论如下：

（1）社会化问答社区用户知识需求及其动态演化过程分析。本书首先将社会化问答社区用户从问题参与角度划分为提问者、回答者和浏览者三种类型，认为在不同问题情境下，用户的功能角色可能会在提问者、回答者和浏览者之间进行转换。其次分析了社会化问答社区用户知识需求形成原因、层级和特征。用户知识需求主要在问题任务驱动、知识偶遇和交流互动情境下形成，可以分为客观状态知识需求、意识层次知识需求、表达出来的知识需求、折中知识需求、个性化知识需求五个层级，当社会化问答社区用户满足低层次知识需求后，才会产生更高层次的知识需求。社会化问答社区用户知识需求具有多样和综合化、随机性和情景化、集成性和精准化、动态连续性等特征。最后，分析了社会化问答社区用户知识需求动态演化的原因和过程，认为社区社交和互动交流功能、用户认知水平和能力提升、外部环境变化、任务目标驱动等因素都会驱动用户知识需求动态变化。用户知识需求演化朝向精确清晰化、高层次化、集聚化方向发展。运用集合论的思想来表达用户需求动态变化，解析了互动交流知识浏览和推荐服务情境下用户知识需求动态演化状态和过程。

（2）社会化问答社区用户生成答案知识聚合及其服务体系。本书将知识聚合理论与理念引入到社会化问答社区知识服务，构建了基于知识聚合的社会化问答社区知识服务体系，为创新和优化社会化问答社区知识服务奠定理论基础，为全文搭建了逻辑框架。主要的工作和结论如下：

1）界定了用户生成答案知识聚合的概念，分析了用户生成答案知识聚合原则和目标。本书认为，用户生成答案知识聚合过程中要遵循系统完整性、科学易用性、即时性和动态化、大众化和个性化相结合的原则。用户生成答案知识聚合目标包括实现答案文本中知识的重新整合和序化，形成结构完整、相互关联的知识体系；减少用户搜寻知识和利用的成本，提高知识获取和重用的效率；揭示用户生成答案中的知识关联，实现新知识的发现；实现基于用户知识需求的个性化知识聚合服务。

2）提出了基于知识聚合的社会化问答社区知识服务体系。基于知识聚合的社会化问答社区知识服务由知识服务主体、知识服务对象、知识、知识服务环境、知识服务技术等要素组成。运行动力包括受到用户需求刺激、服务主体利益驱动和服务技术推动三个方面，从系统学角度构建了基于知识聚合的社会化问答社区知识聚合服务的流程，其主要分为用户知识需求挖掘、数据采集和预处理、答案质量筛选和判断、知识挖掘与内容聚合、知识可视化呈现和知识服务评价等阶段。设计了基于知识聚合的社会化问答社区知识服务体系框架，其知识服务体系框架分为资源层、处理层、聚合层、服务层和服务接口层五层，其中知识聚合层是最为关键层，主要开展知识导航、知识主题发现、知识推荐和知识融合等服务。

（3）社会化问答社区用户生成答案质量评价研究。社会化问答社区答案以用户生成为主，存在质量参差不齐问题，影响知识聚合服务质量和效果。所以，用户生成答案质量评价是社会化问答社区知识聚合服务的重要步骤。本书借鉴已有的研究成果，在初步筛选答案质量评价指标基础上，通过专家咨询和实证分析方法验证选取指标的科学性和合理性，构建了包括文本特征、回答者特征、时效性、用户特征和社会情感特征 5 个维度，16 个指标的答案质量评价指标体系。借鉴人工神经网络方法，提出了基于 GA-BP 神经网络的用户生成答案质量评价方法。通过采集数据实证研究发现提出的答案质量评价指标体系和评价方法能够应用于社会化问答社区用户生成答案质量自动化评价，具有一定的有效性和合理性，可以进一步扩展应用到其他领域问答社区用户生成答案质量评价。

（4）基于标签聚类的社会化问答社区知识聚合及导航服务。为了协助用户快速便捷地从答案中抽取知识，提高知识搜寻和获取的效率，为用户提供知识导航和知识主题发现服务。本书提出了基于答案标签聚类的社会化问答社区知识聚合方法及其服务模式，主要的工作和结论如下：

1）提出了一种答案标签自动化生成方法。运用图模型表示方法表示答案，认为短语比词语更能够表达答案内容和思想。首先，采用短语匹配模式提取答案中的关键短语；其次，运用 TextRank 算法对答案中关键短语的重要性进行排序，抽取排序靠前的关键短语生成答案标签。

2）提出了基于答案标签聚类的用户生成答案知识聚合方法。本书认为，答案标签能够代表答案的关键内容和思想，通过对标签聚类实现用户生成答案知识聚合。采用 DPCA 算法进行答案标签聚类分析，基于 DPCA 的用户生成答案标签聚类的步骤包括答案标签生成、构建共现矩阵和相似矩阵、计算截断距离、选取聚类中心点、分配非簇类中心点到相应的簇类中心、聚类结果可视化等阶段。分析了基于答案标签聚类的用户生成答案知识聚合过程，通过标签聚类挖掘答案知识之间的语义关联和内容结构关联，并最终实现对于用户生成答案的知识聚合。其过程具体分为确定数据源并获取数据、答案标签生成、答案标签聚类分析、知识聚合结果展示等阶段。

3）为了实现用户生成答案知识分类和索引，协助用户在海量答案中快速查找符合自身需求的知识资源和领域专家，构建了基于答案标签聚类的社会化问答社区知识导航服务模式。依据社会化问答社区知识聚合服务流程，构建了基于答案标签的社会化问答社区知识导航服务模式。通过建立社会化问答社区问题答案集、用户信息、知识库等资源数据集，将答案标签自动化生成、知识可视化、超链接、社会网络分析等技术运用到知识导航服务系统的构建，结合用户知识服务需求，实现基于答案标签的知识导航服务功能。基于答案标签聚类的社会化问答社区知识导航服务主要分为用户知识服务需求获取和挖掘、数据采集与预处理、答案质量评价、答案标签生成、知识导航服务准备、知识导航服务提供等阶段，向用户提供答案知识预览和索引导航服务、知识检索导航服务、知识主题导航服务和领域专家知识导航服务等服务模式。

（5）基于答案摘要生成的用户生成答案知识聚合及创新服务。为了满足大数据和移动互联网环境下用户对于答案知识内容总结需求，减少答案知识搜寻和获取的成本，提高答案知识获取的效率和用户体验。本书研究了社会化问答社区用户生成答案摘要生成方法及基于答案摘要构建了答案知识融合服务模式，主要的工作内容和研究结论如下：

1）首先，提出融合 Word2vec 和多特征的句子相似度计算方法，实现对于短文本句子相似度计算。然后，针对基于改进 Word2vec 和 MMR 算法的答案摘要生成方法。

2）构建了基于答案摘要生成的社会化问答社区答案知识聚合服务模式。该服务模式就是通过对社会化问答社区问题类型分类，根据不同的问题类型，结合用户需求特征，运用答案摘要生成方法自动化生成答案摘要。从而实现基于答案摘要的社会化问答社区答案知识融合和集成服务功能，向用户提供用户提供答案知识总结服务、答案知识推送服务、答案知识发现等服务方式。选取知乎等社会化问答社区数据为例，应用分析发现提出的答案摘要生成方法能够有效应用于社会化问答社区答案摘要生成，但是仍然存在很大的进步空间，需要进一步的优化相应算法和程序。

第二节　研究局限与展望

社会化问答社区答案知识聚合及创新服务是个比较广泛的研究问题，当前对于用户生成答案知识聚合及其服务模式的研究较少，理论基础薄弱，涉及的问题较多。本书将知识聚合理论与理念引入社会化问答社区知识服务进行研究尚处于探索阶段，仍然存在很多局限和不足，后续研究中应该进一步加大和深入对于该问题的研究。主要体现在以下几个方面：

（1）方法应用研究样本选取具有一定的局限性，仅部分选取"携程问答""知乎网"的数据验证方法应用的有效性和合理性，话题内容也比较单一，没有进一步地将方法拓展到各个领域和类型的问答社区。在话题数据抽样也存在局限，可能会导致研究结论的偏差。在后续的研究中将进一步扩大研究对象的选取范围，扩大方法应用范围和领域。

（2）社会化问答社区用户生成答案质量评价，选取了基于 GA-BP 神经网络方法，仅从文本、回答者等外部特征层面选取和量化评价指标，没有深入答案文本语义层面，从语义内容方面评价用户生成答案质量。后续的研究需要结合语义网、机器学习等技术进一步加强对于用户生成答案质量语义层面评价研究。

（3）本书仅设计和提出了两种用户生成答案知识聚合方法，并构建相应的知识服务模式。提出的知识聚合方法存在一定的局限性，仍存在很多种知识聚合方法和知识服务模式。后续的研究需将进一步借鉴大数据挖掘、人工智能和语义网等技术方法，设计和开发更多地符合用户生成答案特点的知识聚合方法，构建相应的社会化问答社区知识服务模式。同时，知识聚合技术方法也存在一定的局限性。本书运用已有的算法和技术方法设计答案知识聚合方法，但是由于算法本身以及应用对象的特点，导致部分算法效果没有达到理想状态，时间复杂度和冗余度依然很高，效率较低。后续的研究将进一步优化和设计相应的算法，改善答案知识聚合效果和质量。

社会化问答社区用户生成答案质量调查问卷

尊敬的朋友：

您好！非常感谢您参与本次问卷调查，我们正在进行关于社会化问答社区用户生成答案质量的研究工作。常用的社会化问答社区有知乎、百度知道、搜搜问问、果壳网等，这些平台都是用户提问问题，其他用户参与回答问题形成问题答案，提问者或浏览者根据自己需求判断并选择最佳答案。本次主要是调查用户回答问题时产生的答案质量应该如何评价和测量，即我们采纳和选取答案时具有哪些参考标准。

本次调查问卷为选择题，请您在相应的选项上打√，敬请您根据自己的真实感受和判断进行填写。如果您对本问卷的内容有什么疑问或者需要获得问卷的调查结果，请联系我们！感谢您抽取宝贵时间参与我们的调查活动。

一、基本信息情况

1. 您是否关注和使用过社会化问答社区（例如，百度知道、搜搜问问、知乎、果壳网等）？
　　○ 是
　　○ 否

2. 您使用和关注社会化问答社区多长时间了？
　　○ 0~1 年
　　○ 1~3 年
　　○ 3~5 年
　　○ 5 年以上

3. 您每周使用社会化问答社区的频次是多少？
　　○ 基本不使用
　　○ 1~5 次
　　○ 6~10 次

  ○ 10~15 次

  ○ 15 次以上

4. 您的性别：

  ○ 男

  ○ 女

5. 您的学历是：

  ○ 大专及以下

  ○ 本科

  ○ 硕士

  ○ 博士

6. 您的年龄是：

  ○ 20 岁以下

  ○ 20~25 岁

  ○ 26~35 岁

  ○ 36~40 岁

  ○ 40 岁以上

7. 您的职业是：

  ○ 教师或科研人员

  ○ 公务员

  ○ 企业职员

  ○ 学生

  ○ 医生

  ○ 个体经营者

  ○ 其他

二、问答社区用户生成答案质量

8. 我在使用社会化问答社区时经常会选择内容丰富完整、系统全面的答案为最佳答案。

  ○ 完全不同意

  ○ 不同意

  ○ 不确定

  ○ 基本同意

  ○ 完全同意

9. 选择和利用社会化问答社区的答案时我会考虑答案中包含的有用关键

词语、专业领域术语的数量。

　　○ 完全不同意

　　○ 不同意

　　○ 不确定

　　○ 基本同意

　　○ 完全同意

　　10. 选择和利用社会化问答社区的答案时会考虑回答答案的精炼程度，组织结构的合理性，是否啰唆烦琐等问题。

　　○ 完全不同意

　　○ 不同意

　　○ 不确定

　　○ 基本同意

　　○ 完全同意

　　11. 选择和利用社会化问答社区的答案时需要考虑答案内容是否与问题有关联，以及能够解决问题的程度。

　　○ 完全不同意

　　○ 不同意

　　○ 不确定

　　○ 基本同意

　　○ 完全同意

　　12. 选择和利用社会化问答社区答案时需要注意答案参考来源的权威性，以及答案内容是否具有外部链接，扩展答案的丰富度。

　　○ 完全不同意

　　○ 不同意

　　○ 不确定

　　○ 基本同意

　　○ 完全同意

　　13. 选择和利用社会化问答社区答案时应该考虑问题和答案的长度比值。

　　○ 完全不同意

　　○ 不同意

　　○ 不确定

　　○ 基本同意

　　○ 完全同意

　　14. 社会化问答社区答案文本中包含的图片或动画，能够使答案更容易理解，增加答案的丰富度、趣味性和易用性。

　　○ 完全不同意

　　○ 不同意

　　○ 不确定

　　○ 基本同意

　　○ 完全同意

　　15. 问题的回答者以往的回答答案被选为最佳答案的数量越多，他回答的答案质量越好。

　　○ 完全不同意

　　○ 不同意

　　○ 不确定

　　○ 基本同意

　　○ 完全同意

　　16. 问题的回答者以往的回答相似问题的数量越多，回答者的经历和实战经验越丰富，他回答的答案成为最佳答案的可能性越高。

　　○ 完全不同意

　　○ 不同意

　　○ 不确定

　　○ 基本同意

　　○ 完全同意

　　17. 回答者的社区等级和专业程度越高，回答的答案质量可能就越高。

　　○ 完全不同意

　　○ 不同意

　　○ 不确定

　　○ 基本同意

　　○ 完全同意

　　18. 回答者的擅长领域、学科背景与问题所涉及的领域越相近，回答者越容易答出高质量的答案。

　　○ 完全不同意

　　○ 不同意

　　○ 不确定

　　○ 基本同意

　　○ 完全同意

　　19. 选取和利用社会化问答社区平台时会考虑答案回答的先后顺序，同一问题后续产生的答案可能参照前面答案或对前面答案补充。

○ 完全不同意

○ 不同意

○ 不确定

○ 基本同意

○ 完全同意

20. 选择和利用社会化问答社区答案时应该考虑答案与问题提出之间的时间间隔，最佳答案应该考虑其出现的时效性。

○ 完全不同意

○ 不同意

○ 不确定

○ 基本同意

○ 完全同意

21. 提问者或浏览者的学历水平和认知水平影响他对于答案质量的判断和选择。

○ 完全不同意

○ 不同意

○ 不确定

○ 基本同意

○ 完全同意

22. 提问者或浏览者的以往的提问问题数量，选择答案和使用的经验影响他对于答案质量的判断和选择。

○ 完全不同意

○ 不同意

○ 不确定

○ 基本同意

○ 完全同意

23. 我的兴趣爱好和习惯会影响我利用或选择社会化问答社区的答案。

○ 完全不同意

○ 不同意

○ 不确定

○ 基本同意

○ 完全同意

24. 我选择和利用社会化问答社区问题答案时会考虑回答者是否精神上对

我支持、鼓励和安慰，是否能够认同我的观点和看法。

    ○ 完全不同意

    ○ 不同意

    ○ 不确定

    ○ 基本同意

    ○ 完全同意

25. 我选择和利用社会化问答社区问题答案时会进行考虑回答者的言语表达和文明礼貌程度。

    ○ 完全不同意

    ○ 不同意

    ○ 不确定

    ○ 基本同意

    ○ 完全同意

26. 社会化问答社区的答案受到其它用户支持或赞赏的数量越多，说明答案质量越好。

    ○ 完全不同意

    ○ 不同意

    ○ 不确定

    ○ 基本同意

    ○ 完全同意

27. 社会化问答社区的答案受到其它用户反对或不同意的数量越多，说明答案质量越差。

    ○ 完全不同意

    ○ 不同意

    ○ 不确定

    ○ 基本同意

    ○ 完全同意

28. 社会化问答社区的提问者或浏览者与回答者之间的频繁，越能够补充和完善答案。

    ○ 完全不同意

    ○ 不同意

    ○ 不确定

    ○ 基本同意

    ○ 完全同意

29. 我乐于接受和我存在好友或关注关系的回答者提供的答案，我对他们比较信任。

　　　　○ 完全不同意

　　　　○ 不同意

　　　　○ 不确定

　　　　○ 基本同意

　　　　○ 完全同意

再次非常感谢您对本次调查的支持，如果能在判断和选择社会化问答社区平台答案时还有其他的标准和要求，请将您的建议写在下面或直接与我们课题组交流互动。祝您一切顺利。

［1］ Ali S. Knowledge Discovery via SVM Aggregation for Spatio-temporal Air Pollution Analysis［C］//Proceedings of International Conference on Computational Intelligence and Data Engineering. Springer, Singapore, 2018: 181-189.

［2］ Anderlik S, Neumayr B, Schrefl M. Using Domain Ontologies as Semantic Dimensions in data Warehouses［C］//International Conference on Conceptual Modeling. Springer, Berlin, Heidelberg, 2012: 88-101.

［3］ Ankem K. Factors Influencing Information Needs among Cancer Patients: A Meta-analysis ［J］. Library & Information Science Research, 2006, 28（1）: 7-23.

［4］ Ballou D P, Pazer H L. Modeling Data and Process Quality in Multi-input, Multi-output Information Systems［J］. Management Science, 1985, 31（2）: 150-162.

［5］ Ballou D, Wang R, Pazer H, et al. Modeling Information Manufactureng Systems to determine Information Product quality［J］. Management Science, 1998, 44（4）: 462-484.

［6］ Bensa C, Bodiguel E, Brassat D, et al. Recommendations for the Detection and Therapeutic Management of Cognitive Impairment in Multiple Sclerosis［J］. Rev Neurol, 2012, 168（11）: 785-94.

［7］ Brad E. Practical applications of 2D and 3D Information Visualization for Information Organizations［J］. Library Technology Reports, 2005, 41（1）: 55-64.

［8］ Caballero I, Caro A, Calero C, et al. IQM3: Information Quality Management Maturity Model［J］. J. UCS, 2008, 14（22）: 3658-3685.

［9］ Chakraborty P, Ray S, Mahanti A. Use of Tags in Recommender Systems: A Survey［J］. Calcutta: IIMC, 2010.

［10］ Chua A Y K, Banerjee S. So Fast so Good: An Analysis of Answer Quality and Answer Speed in Community Question-answering Sites［J］. Journal of the Association for Information Science and Technology, 2013, 64（10）: 2058-2068.

［11］ Cooper W S, Gey F C, Dabney D P. Probabilistic Retrieval Based on Staged Logistic Regression［C］//Proceedings of the 15th Annual International ACM SIGIR Conference on Research and development in information retrieval. ACM, 1992: 198-210.

［12］ Fichman P. A Comparative Assessment of Answer Quality on Four Question Answering Sites［J］. Journal of Information Science, 2011, 37（5）: 476-486.

［13］ García-Gómez J M, de La Torre-Díez I, Vicente J, et al. Analysis of Mobile Health Applications for a Broad Spectrum of Consumers: A User Experience Approach［J］.

Health Informatics Journal，2014，20（1）：74-84.

[14] Gazan R. Specialists and Synthesists in a Question Answering Community [J]. Proceedings of the Association for Information Science and Technology，2006，43（1）：1-10.

[15] He J，Dai D. Summarization of yes/no Questions Using a Feature Function Model [C] // Asian Conference on Machine Learning，2011：351-366.

[16] Hong L，Davison B D. A Classification-based Approach to Question Answering in Discussion Boards [C] //Proceedings of the 32nd International ACM SIGIR Conference on Research and Development in Information Retrieval. ACM，2009：171-178.

[17] Huang X Z，Wen D，Zhang M，etal. Sirt1 Activation Ameliorates Renal Fibrosis by Inhibiting the TGF-β/Smad3 Pathway [J]. Journal of Cellular Biochemistry，2014，115（5）：996-1005.

[18] Ishikawa D，Kando N，Sakai T. What Makes a Good Answer in Community Question Answering? An Analysis of Assessors' Criteria [C] //EVIA@ NTCIR，2011.

[19] Jemeı S，Hissel D，Péra M C，et al. On-board Fuel Cell Power Supply Modeling on the Basis of Neural Network Methodology [J]. Journal of Power Sources，2003，124（2）：479-486.

[20] Jeon J，Croft W B，Lee J H. Finding Similar Questions in Large Question and Answer Archives [C] //Proceedings of the 14th ACM International Conference on Information and Knowledge Management. ACM，2005：84-90.

[21] Jeon J，Croft W B，Lee J H，etal. A Framework to Predict the Quality of Answers with non-textual Features [C] //Proceedings of the 29th Annual International ACM SIGIR Conference on Research and Development in Information Retrieval. ACM，2006：228-235.

[22] Kale P，Vaidya M. Enhanced Key Aggregation Technique for Climbable Knowledge Sharing in Cloud [J].2016.

[23] Kaplan A M，Haenlein M. Users of the World，Unite!The Challenges and Opportunities of Social Media [J]. Business Horizons，2010，53（1）：59-68.

[24] Kim S，Oh J S，Oh S. Best-answer Selection Criteria in a Social Q&A Site from the User-oriented Relevance Perspective [J]. Proceedings of the Association for Information Science and Technology，2007，44（1）：1-15.

[25] Laplaud D，Bodiguel E，Bensa C，et al. Recommendations for the Management of Multiple sclerosis Relapses [J]. Revue Neurologique，2012，168（5）：425-433.

[26] Li B，Jin T，Lyu M R，et al. Analyzing and Predicting Question Quality in Community Question Answering Services [C] //Proceedings of the 21st International Conference on World Wide Web. ACM，2012：775-782.

[27] Lin S C，Chen Y C，Yu C Y. Application of Wiki Collaboration System for Value Adding and Knowledge Aggregation in a Digital Archive Project [J]. Journal of Educational Media & Library Sciences，2006，43（3）.

[28] Liu Y，Li S，Cao Y，et al. Understanding and Summarizing Answers in Community-

based Question Answering Services [C] //Proceedings of the 22nd International Conference on Computational Linguistics–Volume 1. Association for Computational Linguistics, 2008: 497–504.

[29] Martinez–Romo J, Araujo L, Duque Fernandez A. SemGraph: Extracting Keyphrases Following a Novel Semantic Graph–based Approach [J]. Journal of the Association for Information Science and Technology, 2016, 67 (1): 71–82.

[30] Miotto O, Tan T W, Brusic V. Rule–based Knowledge Aggregation for Large–scale Protein Sequence Analysis of Influenza A Viruses [J]. BMC Bioinformatics, 2008, 9 (1): S7.

[31] Mu T, Goulermas J Y, Korkontzelos I, et al. Descriptive Document Clustering via Discriminant Learning in a Co–embedded Space of Multilevel Similarities [J]. Journal of the Association for Information Science and Technology, 2016, 67 (1): 106–133.

[32] Oh S, Worrall A, Yi Y J. Quality Evaluation of Health Answers in Yahoo! Answers: A Comparison between Experts and Users [J]. Proceedings of the Association for Information Science and Technology, 2011, 48 (1): 1–3.

[33] Portmann E, Pedrycz W. Fuzzy Web Knowledge Aggregation, Representation, and Reasoning for Online Privacy and Reputation Management [M] //Fuzzy Cognitive Maps for Applied Sciences and Engineering. Springer Berlin Heidelberg, 2014: 89–105.

[34] Prat N, Comyn–Wattiau I, Akoka J. Combining Objects with Rules to Represent Aggregation Knowledge in Data Warehouse and OLAP Systems [J]. Data & Knowledge Engineering, 2011, 70 (8): 732–752.

[35] Preece A, Hui K, Gray A, et al. Designing for Scalability in a Knowledge Fusion System [J]. Knowledge–Based Systems, 2001, 14 (3): 173–179.

[36] Savolainen R. Conceptualizing Information Need in Context [J]. 2012, 17 (4): 534.

[37] Shah C, Oh S, Oh J S. Research Agenda for Social Q&A [J]. Library & Information Science Research, 2009, 31 (4): 205–209.

[38] Shah C, Pomerantz J. Evaluating and Predicting Answer Quality in Community QA [C] //Proceedings of the 33rd International ACM SIGIR Conference on Research and Development in Information Retrieval. ACM, 2010: 411–418.

[39] Song M, Heo G E, Ding Y. SemPathFinder: Semantic Path Analysis for Discovering Publicly Unknown Knowledge [J]. Journal of Informetrics, 2015, 9 (4): 686–703.

[40] Stephens S, LaVigna D, DiLascio M, et al. Aggregation of Bioinformatics Data Using Semantic Web Technology [J]. Web Semantics: Science, Services and Agents on the World Wide Web, 2006, 4 (3): 216–221.

[41] Strong D M, Lee Y W, Wang R Y. Data Quality in Context [J]. Communications of the ACM, 1997, 40 (5): 103–110.

[42] Surdeanu M, Ciaramita M, Zaragoza H. Learning to Rank Answers on Large Online QA collections [C] //ACL.2008, 8: 719–727.

[43] Suryanto M A, Lim E P, Sun A, et al. Quality–aware Collaborative Question Answering:

Methods and Evaluation［C］//Proceedings of the Second ACM International Conference on Web search and Data Mining. ACM，2009：142–151.

［44］Tang H，Wu E X，Ma Q Y，et al. MRI Brain Image Segmentation by Multi-resolution edge Detection and Region Selection［J］. Computerized Medical Imaging and Graphics，2000，24（6）：349–357.

［45］Tao H，Hao Y，Zhu X. Answer Generating Methods for Community Question and Answering Portals［M］//Natural Language Processing and Chinese Computing. Springer，Berlin，Heidelberg，2012：249–259.

［46］Taylor R S. Question-negotiation and Information Seeking in Libraries［J］. College & Research Libraries，2015，76（3）：251–267.

［47］Toba H，Ming Z Y，Adriani M，et al. Discovering High Quality Answers in Community Question Answering Archives Using a Hierarchy of Classifiers［J］. Information Sciences，2014，261：101–115.

［48］Tomasoni M，Huang M. Metadata-aware Measures for Answer Summarization in Community Question Answering［C］//Proceedings of the 48th Annual Meeting of the Association for Computational Linguistics. Association for Computational Linguistics，2010：760–769.

［49］Wang B，Yao Y，Hou B，et al. Knowledge Aggregation in Human Flesh Search［C］//Green Computing and Communications（GreenCom），2010 IEEE/ACM Int'l Conference on & Int'l Conference on Cyber，Physical and Social Computing（CPSCom）. IEEE，2010：825–830.

［50］Wang R Y，Reddy M P，Kon H B. Toward Quality Data：An Attribute-based Approach［J］. Decision Support Systems，1995，13（3–4）：349–372.

［51］Wang R Y，Strong D M. Beyond Accuracy：What Data Quality Means to Data Consumers［J］. Journal of Management Information Systems，1996，12（4）：5–33.

［52］Wang Y，Yu S，Xu T. A User Requirement Driven Framework for Collaborative design Knowledge Management［J］. Advanced Engineering Informatics，2017，33：16–28.

［53］Yom-Tov E，Diaz F. Out of Sight，Not out of Mind：On the Effect of Social and Physical Detachment on Information Need［C］//Proceedings of the 34th International ACM SIGIR conference on Research and development in Information Retrieval. 2011：385–394.

［54］Zhang K，Wu W，Wu H，et al. Question Retrieval with High Quality Answers in Community Question Answering［C］//Proceedings of the 23rd ACM International Conference on conference on Information and Knowledge Management. ACM，2014：371–380.

［55］Zhou T C，Lyu M R，King I. A classification-based Approach to Question Routing in Community Question Answering［C］//Proceedings of the 21st International Conference on World Wide Web. ACM，2012：783–790.

［56］白光祖，吕俊生. 基于信息需求层次理论的 PIE 可满足性分析［J］. 情报杂志，2009，28（4）：48–51+111.

［57］毕强，赵夷平，孙中秋 . 社会化标注系统资源聚合的实证分析［J］. 情报资料工作，2015（5）：30-37.

［58］毕强 . 数字资源：从整合到聚合的转变［J］. 数字图书馆论坛，2014（6）：1.

［59］曹瑞昌，吴建明 . 信息质量及其评价指标体系［J］. 情报探索，2002（4）：6-9.

［60］曹树金，李洁娜，王志红 . 面向网络信息资源聚合搜索的细粒度聚合单元元数据研究［J］. 中国图书馆学报，2017（4）：74-92.

［61］曹树金，马翠嫦 . 信息聚合概念的构成与聚合模式研究［J］. 中国图书馆学报，2016，42（3）：4-19.

［62］查先进，陈明红 . 信息资源质量评估研究［J］. 中国图书馆学报，2010，36（2）：46-55.

［63］陈风雷，傅晨波，宣琦 . Stack Exchange 问答社区知识传播［J］. 计算机系统应用，2016，25（10）：11-17.

［64］陈风雷 . Stack Exchange 问答社区网络数据挖掘研究［D］. 浙江工业大学，2016.

［65］陈果，朱茜凌，肖璐 . 面向网络社区的知识聚合：发展、研究基础与展望［J］. 情报杂志，2017，36（12）：193-197+192.

［66］崔敏君，段利国，李爱萍 . 多特征层次化答案质量评价方法研究［J］. 计算机科学，2016，43（1）：94-97+102.

［67］邓海霞 . 社会化问答网站的知识生产与传播［D］. 湖南师范大学，2015.

［68］邓莉丽 . 消费文化视野下社会化问答社区的知识传播研究［D］. 南京师范大学，2017.

［69］邓胜利，陈晓宇，付少雄 . 社会化问答社区用户信息需求对信息搜寻的影响研究—基于问答社区卷入度的中介作用分析［J］. 情报科学，2017，35（7）：3-8+15.

［70］邓胜利，孙高岭 . 面向推荐服务的用户信息需求转化模型构建［J］. 情报理论与实践，2009，32（6）：14-17+50.

［71］丁楠，潘有能 . 基于关联数据的图书馆信息聚合研究［J］. 图书与情报，2011（6）：50-53.

［72］丁宇 . 网络信息用户需求的特点与利用特征及规律浅析［J］. 情报理论与实践，2003（5）：412-414+446.

［73］董才正，刘柏嵩 . 面向问答社区的中文问题分类［J］. 计算机应用，2016，36（4）：1060-1065.

［74］董克，程妮，马费成 . 知识计量聚合及其特征研究［J］. 情报理论与实践，2016，（6）：47-51.

［75］范桥青，方钰 . 面向健康问答社区的语义检索技术研究与分析［J］. 电子技术与软件工程，2017（2）：202-204.

［76］范宇峰，陈佳佳，赵占波 . 问答社区用户知识分享意向的影响因素研究［J］. 财贸研究，2013，24（4）：141-147.

［77］范哲，张乾 . MOA 视角下的问答网站用户贡献行为研究［J］. 图书与情报，2015（5）：123-132.

［78］冯缨，张瑞云 . 基于用户体验的微博信息质量评估研究［J］. 图书馆学研究，2014，

（9）：62-67，101.

［79］甘春梅，黄悦.社会化问答社区不同用户行为影响因素的实证研究［J］.图书情报知识，2017（6）：114-124.

［80］高智勇，高建民，王侃昌，陈富民，刘军强.基于信息结构要素的信息质量定义与内涵分析［J］.计算机集成制造系统，2006，（10）：1724-1728.

［81］贯君，毕强，赵夷平.基于关联数据的知识聚合与发现研究进展［J］.情报资料工作，2015（3）：15-21.

［82］郭顺利，李秀霞.基于情境感知的移动图书馆用户信息需求模型构建［J］.情报理论与实践，2014，37（8）：64-68+73.

［83］胡昌平，胡吉明，邓胜利.基于社会化群体作用的信息聚合服务［J］.中国图书馆学报，2010，36（3）：51-56.

［84］胡昌平.信息服务与用户研究［M］.武汉：武汉大学出版社，2008：127.

［85］胡海波.Web3.0环境下基于用户兴趣的信息聚合服务［J］.情报理论与实践，2014，37（8）：117-121.

［86］胡海峰.用户生成答案质量评价中的特征表示及融合研究［D］.哈尔滨工业大学，2013.

［87］胡青.社会化问答网站的知识传播研究［D］.辽宁大学，2015.

［88］胡玮玮，张晓亮.基于沉浸理论对社会化问答社区用户知识共享持续行为的实证研究［J］.浙商管理评论，2016（00）：132-146.

［89］胡媛，曹阳，张发亮，朱益平.基于用户关系的数字图书馆社区知识需求聚合模型构建［J］.图书馆学研究，2017（21）：45-52.

［90］胡媛，胡昌平.基于知识聚合的数字图书馆社区推送服务组织——以武汉大学数字图书馆社区为例［J］.国家图书馆学刊，2016，25（2）：66-76.

［91］姜雯，许鑫，武高峰.附加情感特征的在线问答社区信息质量自动化评价［J］.图书情报工作，2015，59（4）：100-105.

［92］姜雯，许鑫.在线问答社区信息质量评价研究综述［J］.现代图书情报技术，2014（6）：41-50.

［93］金凡.基于分众分类法和维基百科的移动应用语义知识库构建［D］.武汉科技大学，2012.

［94］金晓玲，汤振亚，周中允，燕京宏，熊励.用户为什么在问答社区中持续贡献知识？：积分等级的调节作用［J］.管理评论，2013，25（12）：138-146.

［95］柯平.新世纪图书馆需要知识管理和知识服务［J］.新世纪图书馆，2005（6）：15-17.

［96］孔维泽，刘奕群，张敏，马少平.问答社区中回答质量的评价方法研究［J］.中文信息学报，2011，25（1）：3-8.

［97］来社安，蔡中民.基于相似度的问答社区问答质量评价方法［J］.计算机应用与软件，2013，30（2）：266-269.

［98］李晨，巢文涵，陈小明，李舟军.中文社区问答中问题答案质量评价和预测［J］.计

算机科学，2011，38（6）：230-236.

［99］李枫林，魏蕾如.社会化媒体用户行为的信息聚合机制研究［J］.图书馆学研究，2017（5）：52-57.

［100］李枫林.基于认知目标分类的用户信息需求层次分析［J］.知识管理论坛，2014（3）：19-23.

［101］李洁.基于 SNA 的馆藏数字资源知识聚合可视化研究［D］.吉林大学，2016.

［102］李蕾，何大庆，章成志.社会化问答研究综述［J］.数据分析与知识发现，2018，2（7）：1-12.

［103］李木子.社会化问答社区用户初始参与意愿研究［D］.郑州大学，2017.

［104］李升.中文社会化问答社区的发展策略研究［D］.南京师范大学，2015.

［105］李文根.基于社区问答系统的中文短文本标签生成研究［D］.南京大学，2017.

［106］李霞，樊治平，冯博.知识服务的概念、特征与模式［J］.情报科学，2007（10）：1584-1587.

［107］李翔宇，陈琨，罗琳.FWG1 法在社会化问答平台答案质量评测体系构建中的应用研究［J］.图书情报工作，2016，60（1）：74-82.

［108］李亚婷.知识聚合研究述评［J］.图书情报工作，2016，60（21）：128-136.

［109］李宇佳.学术新媒体信息服务模式与服务质量评价研究［D］.吉林大学，2017.

［110］廖方舟.社会化问答社区新闻评论研究［D］.四川外国语大学，2017.

［111］林芷羽.网络问答社区用户产生内容筛选机制研究—以知乎网为例［J］.新闻传播，2016（4）：21-22.

［112］刘秉权，徐振，刘峰，刘铭，孙承杰，王晓龙.面向问答社区的答案摘要方法研究综述［J］.中文信息学报，2016，30（1）：1-7+15.

［113］刘崇学.高校图书馆开展知识服务探讨［J］.图书馆学研究，2004（2）：82-83，33.

［114］刘津.社会化问答网站中的知识生产模式研究［D］.南京师范大学，2016.

［115］刘璟.面向问答的社区型知识抽取技术研究［D］.哈尔滨工业大学，2009.

［116］刘静春，陈丽云.大数据环境下网络社区学术资源的深度挖掘与推送服务研究［J］.河南图书馆学刊，2016，36（9）：114-116.

［117］刘梦黎.网络问答平台的四种科学传播模式研究［D］.广西大学，2014.

［118］刘娜，路莹，唐晓君，李明霞.基于 LDA 重要主题的多文档自动摘要算法［J］.计算机科学与探索，2015，9（2）：242-248.

［119］刘佩，林如鹏.网络问答社区"知乎"的知识分享与传播行为研究［J］.图书情报知识，2015（6）：109-119.

［120］刘晓娟，李广建，化柏林.知识融合：概念辨析与界说［J］.图书情报工作，2016（13）：13-19，32.

［121］刘乙蓉，刘芸.问答平台中的答案聚合及其优化：以 Quora 为例［J］.图书馆学研究，2017（6）：48-56，13.

［122］刘瑜，袁健.基于 RTEM 模型的问答社区候选答案排序方法［J］.电子科技，2016，

29（5）：130-134.

［123］罗铿.网络问答社区对高校图书馆知识服务的影响研究［J］.大学图书情报学刊，2017，35（6）：7-10.

［124］罗毅，曹倩.基于 RIPA 方法的社会问答平台答案质量研究［J］.图书情报工作，2015，59（3）：126-133+25.

［125］吕峰.基于隐马尔科夫模型的问答社区用户知识贡献意愿研究［D］.哈尔滨工业大学，2015.

［126］吕琳露，李亚婷.游记文本中的知识发现与聚合——以蚂蜂窝旅行网杭州游记为例［J］.情报杂志，2017，36（7）：176-181，110.

［127］马费成，赵红斌，万燕玲，杨东晨，赖洁.基于关联数据的网络信息资源集成［J］.情报杂志，2011，30（2）：167-170，175.

［128］马费成，赖茂生等.信息资源管理［M］.北京：高等教育出版社，2014：315-316.

［129］马鸿佳，李洁，沈涌.数字资源聚合方法融合趋势研究［J］.情报资料工作，2015（5）：24-29.

［130］马谦.知识导航：混合型图书馆的信息咨询服务功能［J］.情报杂志，2004（5）：25-27.

［131］苗亚杰.基于话题模型的社区问题聚类算法研究［D］.清华大学，2011.

［132］莫祖英.国内外信息质量研究述评［J］.情报资料工作，2015，（02）：29-36.

［133］莫祖英.数据库用户对信息资源质量的认知及要求分析——以文理背景研究生为对象［J］.情报理论与实践，2013，36（04）：72-77.

［134］倪兴良.问答系统中的短文本聚类研究与应用［D］.中国科学技术大学，2011.

［135］宁菁菁.基于"弱关系理论"的知识问答社区知识传播研究——以知乎网为例［J］.新闻知识，2014（2）：98-99，50.

［136］彭佳，郑巧英.信息资源聚合与组织研究——以发现系统为例［J］.图书馆杂志，2016，35（3）：80-85.

［137］彭月娥，杨思春，李心磊，丁菲菲，向恒月.面向中文问答社区的问题去重技术研究［J］.苏州科技学院学报（自然科学版），2014，31（1）：76-80.

［138］戚建林.论图书情报机构的信息服务与知识服务［J］.河南图书馆学刊，2003（2）：37-38.

［139］秦晓珠，李晨晖，麦范金.大数据知识服务的内涵、典型特征及概念模型［J］.情报资料工作，2013（2）：18-22.

［140］曲明成.问答社区中的问题与答案推荐机制研究与实现［D］.浙江大学，2010.

［141］任皓，邓三鸿.知识管理的重要步骤——知识整合［J］.情报科学，2002（6）：650-653.

［142］商宪丽，王学东，张煜轩.基于标签共现的学术博客知识资源聚合研究［J］.情报科学，2016，34（5）：125-129.

［143］沈波，赖园园.网络问答社区"Quora"与"知乎"的比较分析［J］.管理学刊，2016，29（5）：43-50.

［144］沈初蕾.探究社会化问答网站的激励机制——以"知乎"为例［J］.商，2016（28）：226.

［145］沈洪洲，史俊鹏.基于人类动力学的社会化问答社区优秀贡献者行为研究——以"知乎"为例［J］.情报科学，2019，37（5）：85–91.

［146］沈旺，康霄普，王佳馨，饶泽阳.用户视角下社会化问答社区信息可信度评价研究［J］.图书情报工作，2018，62（17）：104–111.

［147］施国良，陈旭，杜璐锋.社会化问答网站答案认可度的影响因素研究——以知乎为例［J］.现代情报，2016，36（6）：41–45.

［148］施涛，姜亦珂.社会化问答社区用户知识贡献行为模型研究［J］.科技进步与对策，2017，34（18）：126–130

［149］宋立荣，李思经.基于网络共享的农业科技信息质量维度分析［J］.图书情报工作，2009，53（22）：85–88.

［150］宋立荣.网络信息资源中信息质量评价研究述评［J］.科技管理研究，2012，32（22）：51–56.

［151］苏剑林.［不可思议的 Word2Vec］2.训练好的模型［EB/OL］.［2017–04–03］.https：//kexue.fm/archives/4304.

［152］孙万龙.基于 GBDT 的社区问题标签推荐技术研究［D］.哈尔滨工业大学，2015.

［153］孙晓宁，赵宇翔，朱庆华.基于 SQA 系统的社会化搜索答案质量评价指标构建［J］.中国图书馆学报，2015，41（4）：65–82.

［154］孙振鹏.面向问答社区意见选择类问题的答案融合技术研究［D］.哈尔滨工业大学，2012.

［155］汤欢.基于社会化问答平台的个人知识管理研究［D］.华中师范大学，2017.

［156］汤明伟.网络环境下知识聚合——分享平台建设［D］.江南大学，2009.

［157］汤小燕.社会化问答型虚拟社区知识共享激励机制研究［D］.华南理工大学，2014.

［158］唐嫦燕.2000~2005 年我国用户信息需求研究综述［J］.图书馆论坛，2006（5）：45–47.

［159］陶兴，张向先，郭顺利.基于 DPCA 的社会化问答社区用户生成答案知识聚合与主题发现服务研究［J］.情报理论与实践，2019，42（6）：94–98+87.

［160］滕广青，董立丽，田依林，张凡.基于概念格的社区用户知识需求模型研究［J］.情报科学，2011，29（1）：108–112.

［161］田晶华，李翠平，陈红.基于类标签聚类的动态问题分类集成学习算法［J］.计算机科学与探索，2011，5（9）：826–834.

［162］佟铁.医患问答社区文本挖掘研究［D］.辽宁科技大学，2015.

［163］王宝勋.面向网络社区问答对的语义挖掘研究［D］.哈尔滨工业大学，2013.

［164］王昊，苏新宁.基于 CSSCI 本体的知识检索服务平台构建及应用［J］.现代图书情报技术，2011（3）：22–29.

［165］王敬东.基于知识聚合的数字图书馆信息智能检索模型［J］.图书馆学研究，2014（21）：72–76，71.

[166] 王清，唐伶俐. 刍议网络信息聚合服务的版权问题 [J]. 出版发行研究，2015（1）：74-77.

[167] 王瑞雪. Web3.0 时代移动互联网商务评价信息聚合 [J]. 电子制作，2013（6）：161-162.

[168] 王伟，冀宇强，王洪伟，郑丽娟. 中文问答社区答案质量的评价研究：以知乎为例 [J]. 图书情报工作，2017，61（22）：36-44.

[169] 王雨. 基于社会网络分析的数字图书馆资源聚合研究 [D]. 吉林大学，2014.

[170] 微信公众号语料 [EB/OL]［2017-12-30］. https：//kexue.fm/archives/4304/#__NO_LINK_PROXY__.

[171] 韦勇娇. 认知盈余时代，网络问答社区的知识传播模式探析——以"知乎"为例 [J]. 广西职业技术学院学报，2014，7（01）：30-34+40.

[172] 吴明隆. 结构方程模型——AMOS 的操作与应用 [M]. 重庆：重庆出版社，2009：52-53.

[173] 熊回香，陈姗，许颖颖. 基于 Web3.0 的个性化信息聚合技术研究 [J]. 情报理论与实践，2011，34（8）：95-99.

[174] 徐安滢，吉宗诚，王斌. 基于用户回答顺序的社区问答答案质量预测研究 [J]. 中文信息学报，2017，31（02）：132-138.

[175] 徐蔡余. 基于科技文献数据库网站的信息用户满意模型构建研究 [D]. 南京理工大学，2007.

[176] 徐振. 面向问答社区的问题类型敏感的答案摘要算法研究 [D]. 哈尔滨工业大学，2014.

[177] 延霞，范士喜. 基于问答社区的海量问句检索关键技术研究 [J]. 计算机应用与软件，2013，30（7）：315-317.

[178] 严平勇. 基于微博的灾害信息聚合方法研究 [D]. 福建师范大学，2013.

[179] 杨海娟. 社会化问答网站用户贡献意愿影响因素实证研究 [J]. 图书馆学研究，2014（14）：29-38，47.

[180] 杨晓蓉，王文生. 网络服务的新模式——从信息服务向知识服务转变 [J]. 农业网络信息，2005（8）：29-31+52.

[181] 杨志博. 社会化问答网站知识共享影响因素及其交互作用研究 [D]. 中国科学技术大学，2016.

[182] 叶建华，罗毅. 基于"重点改善"区域相关指标的社会问答平台答案质量研究 [J]. 图书与情报，2016（1）：118-125.

[183] 易明，宋景璨，杨斌，陈君. 网络知识社区用户需求层次研究 [J]. 情报科学，2017，35（2）：22-26.

[184] 应文豪，肖欣延，李素建，吕雅娟，穗志方. 一种利用语义相似度改进问答摘要的方法 [J]. 北京大学学报（自然科学版），2017，53（2）：197-203.

[185] 尤如春. 论网络环境下的知识服务策略 [J]. 图书馆，2004（6）：85-87.

[186] 游毅，成全. 试论基于关联数据的馆藏资源聚合模式 [J]. 情报理论与实践，2013，

36（1）：109–114.

［187］余本功，李婷，杨颖.基于多属性加权的社会化问答社区关键词提取方法［J］.图书情报工作，2018，62（5）：132–139.

［188］俞立平，潘云涛，武夷山.科技评价中专家权重赋值优化研究［J］.科学学与科学技术管理，2009，（7）：38–41.

［189］袁红，张莹.问答社区中询问回答的质量评价——基于百度知道与知乎的比较研究［J］.数字图书馆论坛，2014（9）：43–49.

［190］袁琳蓉.基于网络环境的图书馆知识导航服务模式研究［J］.农业图书情报学刊，2014（7）：172–174.

［191］袁毅，蔚海燕.问答社区低可信度信息的传播与控制研究［J］.图书馆论坛，2011，31（6）：171–177.

［192］袁毅，杨莉.问答社区用户生成资源行为及影响因素分析——以百度知道为例［J］.图书情报工作，2017，61（22）：20–26.

［193］张德云.网络环境下图书馆知识导航服务模式探索［J］.图书馆学研究，2013（11）：76–79.

［194］张红丽，吴新年.知识服务及其特征分析［J］.图书情报工作，2010，54（3）：23–27.

［195］张慧.付费语音问答平台"分答"的传播机制分析［J］.传媒观察，2016（12）：14–16.

［196］张辑哲.论信息形态与信息质量（下）——论信息的质与量及其意义［J］.档案学通讯，2006（3）：20–22.

［197］张建红.基于语义关联的海量数字资源知识聚合与服务研究［J］.图书馆工作与研究，2016（8）：44–47.

［198］张荣华.知识问答社区用户的知识共享意愿研究［D］.南京大学，2014.

［199］张嵩，吴剑云，姜雪.问答类社区用户持续知识贡献模型构建［J］.计算机集成制造系统，2015，21（10）：2777–2786.

［200］张素芳.网络社区学术资源关联研究［D］.南开大学，2012.

［201］张体慧.问答社区用户知识分享行为的动机研究［D］.中国矿业大学，2014.

［202］张婉.问答社区信息质量评价指标体系构建研究［D］.安徽大学，2015.

［203］张晓林.走向知识服务：寻找新世纪图书情报工作的生长点［J］.中国图书馆学报，2000（5）：30–35.

［204］张兴刚.中文问答社区信息传播机制研究［D］.华东师范大学，2010.

［205］张洋，谢卓力.基于多源网络学术信息聚合的知识图谱构建研究［J］.图书情报工作，2014，58（22）：84–94.

［206］张煜轩.基于外部线索的社会化问答平台答案信息质量感知研究［D］.华中师范大学，2016.

［207］赵芳.基于关联数据的网络社区学术资源聚合模式研究［J］.图书馆学研究，2016（10）：49–52，101.

［208］赵胜辉，李吉月，徐碧，孙博研. 基于 TFIDF 的社区问答系统问句相似度改进算法［J］. 北京理工大学学报，2017，37（9）：982–985.

［209］赵雪芹. 知识聚合与服务研究现状及未来研究建议［J］. 情报理论与实践，2015（2）：132–135.

［210］赵屹，陈晓晖. 刍议新媒体环境下的档案信息聚合服务［J］. 档案与建设，2017（1）：8–11，15.

［211］郑若星. 社会化问答网站的知识管理模式研究［D］. 吉林大学，2012.

［212］知乎与艾瑞咨询. 知乎用户刻画及媒体价值研究报告［R］.［2017–12–31］. http：// www.sohu.com/a/199103017_362315.

［213］中文维基百科语料［EB/OL］［2017–12–30］. https：//dumps.wikimedia.org/zhwiki/ latest/zhwiki–latest–pages–articles.xml.bz2.

［214］朱双东. 神经网络应用基础［M］. 沈阳：东北大学出版社，2000.